FACULTÉ DE DROIT DE PARIS

DROIT ROMAIN

# DE LA DÉPORTATION

ET DE LA

## RELÉGATION A ROME

DROIT FRANÇAIS

# DE LA RELÉGATION

## DES RÉCIDIVISTES

(NATURE ET EFFETS)

## THÈSE POUR LE DOCTORAT

PAR

### LÉON PIGNON

AVOCAT A LA COUR D'APPEL DE PARIS

PARIS

LIBRAIRIE NOUVELLE DE DROIT ET DE JURISPRUDENCE

ARTHUR ROUSSEAU, ÉDITEUR

14, RUE SOUFFLOT ET RUE TOULLIER, 13

1886

# THÈSE

## POUR LE DOCTORAT

Imp. du Fort-Carré, St-Dizier (Hte-Marne).

DROIT ROMAIN

# DE LA DÉPORTATION

ET DE LA

## RELÉGATION A ROME

DROIT FRANÇAIS

# DE LA RELÉGATION

## DES RÉCIDIVISTES

(NATURE ET EFFETS)

## THÈSE POUR LE DOCTORAT

L'ACTE PUBLIC SUR LES MATIÈRES CI-APRÈS SERA SOUTENU

**Le Vendredi, 17 Décembre 1886, à midi**

PAR

### LÉON PIGNON

AVOCAT A LA COUR D'APPEL DE PARIS

Président : M. LÉVEILLÉ.

SUFFRAGANTS : MM. LABBÉ, Professeur.
JOBBÉ DUVAL, Agrégé.
MASSIGLI, »

PARIS

LIBRAIRIE NOUVELLE DE DROIT ET DE JURISPRUDENCE

ARTHUR ROUSSEAU, ÉDITEUR

14, RUE SOUFFLOT ET RUE TOULLIER, 13

1886

A MA GRAND'MÈRE

A MON PÈRE — A MA MÈRE

# DROIT ROMAIN

---

# DE LA DÉPORTATION

ET

# DE LA RELÉGATION A ROME

---

## INTRODUCTION

Si en matière civile, on reconnaît unanimement
que l'étude des anciens jurisconsultes romains est
indispensable à celui qui veut se rendre compte de
l'origine et du mécanisme de notre droit privé, en
revanche, on néglige plus généralement leur législation criminelle. Cependant, là comme en matière
civile, les grands législateurs de la Rome républicaine ou impériale nous ont laissé des monuments
dignes de toute notre curiosité et de toute notre
attention.

Assurément nous ne pensons pas qu'il faille tout

emprunter à un peuple qui n'admit jamais en réalité l'égalité de tous devant le châtiment et qui laissait la fixation des peines à l'arbitraire du juge ; mais, à côté de ces dispositions fâcheuses, nous trouvons posés les grands principes qui sont aujourd'hui l'honneur de notre civilisation, et qui ne sont entrés dans nos lois et dans nos mœurs que depuis une époque relativement bien récente.

C'est ainsi qu'Hermogénien nous apprend que les dispositions pénales doivent toujours être interprétées de la manière la plus favorable à l'accusé. (Loi 42 *de Pœnis*, livre 48, titre 19). Que Paul nous dit que lorsqu'une peine est encourue par un homme, il est reçu qu'elle ne passe pas à ses héritiers (Loi 20, *de Pœnis*). Et Callistrate pose ce grand principe qui existe enfin dans nos Codes, mais non dans nos mœurs : (1) « Le crime ou la condamnation du père n'inflige aucune tache au fils, car chacun répond de ses actions, et l'on ne succède point au crime d'autrui. » (Loi 26 *de Pœnis*).

Ne pouvant avoir la prétention d'étudier dans son ensemble le droit criminel romain, nous avons restreint notre sujet à l'analyse de deux peines qui sous des noms semblables, mais sous des formes

---

(1) On sait qu'avant 1790 la condamnation du père entraînait pour le fils certaines déchéances, et que la confiscation rétablie par Bonaparte n'a été abolie qu'en 1814.

différentes ont passé dans nos lois : *La déportation et la relégation*.

A l'heure où les peines extra-territoriales rencontrent en France les partisans les plus convaincus comme les détracteurs les plus acharnés, il nous a semblé qu'il y avait peut-être un intérêt pratique à rechercher comment ce genre de châtiment avait été appliqué chez les Romains, quels étaient les individus qui le subissaient, quelles étaient ses conséquences ainsi que son mode d'application dans la ville qui fut pendant une longue suite de siècles la capitale de l'univers civilisé.

# PREMIÈRE PARTIE

# DE LA DÉPORTATION

—

## CHAPITRE PREMIER

### ORIGINE DE LA DÉPORTATION

La peine de la déportation ne remonte guère qu'à
Auguste, pourtant son origine est des plus antiques
et nous en trouvons le germe sinon sous les rois,
au moins dans les lois des premiers temps de la
république. Seulement elle ne s'appelait pas à cette
époque la déportation, mais l'interdiction de l'eau
et du feu. Sous Auguste on modifia cette antique
peine en lui donnant un autre nom, *la déportation;*
mais ce serait selon nous faire erreur que de voir
dans la déportation une peine nouvelle ; ce n'est,
nous le répétons et nous aurons plus tard à insister

sur ce point, que l'ancienne peine de l'interdiction
de l'eau et du feu adaptée aux besoins de l'époque
et du nouveau gouvernement. Aussi rencontrerons-
nous souvent des textes où le législateur se servira
indifféremment des mots *deportatio ignis et aquæ
interdictio*. Nous devons donc, avant de nous occuper de la déportation proprement dite, exposer ce
qu'était chez les Quirites l'interdiction de l'eau et
du feu.

Cette peine n'est pas d'ailleurs une institution
purement romaine. Nous la trouvons chez d'autres
nations, comme par exemple le peuple Hébreu ; nous
la rencontrons également chez les Grecs, et chose
singulière nous la trouvons dans ces pays si éloignés les uns des autres, si différents par les mœurs,
le climat, le tempérament, les coutumes, avec des
caractères identiques. En Judée comme en Grèce, à
Athènes comme à Rome, elle se présente sous un
double aspect, c'est tout à la fois une peine civile et
une peine religieuse.

Le criminel pour échapper aux représailles soit
des parents de sa victime, soit de l'État, prend la
fuite. On n'oppose à son départ aucun obstacle, mais
on ne l'en condamne pas moins en quelque sorte
par contumace. En général ses biens sont confisqués,
et il ne peut plus sous peine de mort rentrer dans
sa patrie ; en revanche, là où il s'est réfugié il est

complètement libre, et personne, même la victime en cas de survie, même les parents de l'offensé ou de celui qu'il a tué n'ont le droit d'attenter à ses jours (1).

Ceux, qui ont le droit de cité, font seuls en effet partie de la communauté civile et religieuse. En quittant, sa ville pour sauver sa vie, le fugitif ne perd pas seulement ses droits de citoyen, avec eux il perd aussi sa religion, car celui-là qui, volontairement ou forcément abandonne sa patrie, encourt une véritable excommunication : « Qu'il fuie, qu'il n'approche jamais des temples ; que nul citoyen ne lui parle et ne le reçoive ; que nul ne l'admette aux prières ni aux sacrifices ; que nul ne lui présente l'eau lustrale. » (2)

(1) Nous trouvons sur ce point de nombreux exemples dans la Bible et dans les auteurs grecs.

« Si c'est par hasard, sans haine, qu'il s'est rendu homicide, et que cela se prouve devant le peuple après que la cause du meurtre aura été agitée entre celui qui aura frappé et le parent du mort, il sera délivré, comme étant innocent, des mains de celui qui voulait venger le sang répandu, et il sera ramené par sentence dans la ville où il s'était réfugié et il y demeurera jusqu'à la mort du grand-prêtre. Si celui qui aura tué est trouvé hors des limites des villes qui ont été destinées pour les bannis, l'offensé ou les parents de l'offensé pourront le tuer impunément. » *Nombres*, chap. 35, § 22, 23, 24, 26, 27 et 28. Traduction de Sacy. Voir aussi *Exode*, chap. 21, § 13.

Il en était de même en Grèce : « Que celui qui ôte ou qui est cause qu'on a ôté la vie à un homicide hors des frontières de la république, hors des jeux et sacrifices amphictyoniques, encourt les mêmes punitions que s'il eut ôté la vie à un citoyen d'Athènes. » *Loi citée par Démosthènes, discours contre Aristocrate.*

(2) Sophocle : *Œdipe roi*, v. 239.

Tels sont, chez tous les peuples, qui ont fait usage de cette peine, les caractères généraux de l'interdiction de l'eau et du feu ou autrement dit de l'exil. Et, pour bien comprendre toute la gravité de cette peine, pour nous expliquer comment des peuples encore barbares ne punissaient pas plus sévèrement que par l'exil certains crimes que nous punissons actuellement d'une manière autrement dure, il faut nous transporter par l'esprit dans ce monde antique où la religion et la cité tenaient une si grande place dans le cœur de l'homme. Alors, nous ne nous étonnerons plus, en voyant les coupables préférer souvent la mort à un exil, qui leur enlevait ce qu'ils avaient de plus cher et de plus sacré, leurs foyers et leurs dieux !

En ce qui concerne l'introduction de cette peine à Rome, nous en ignorons la date exacte ; elle vint peu à peu remplacer l'ancienne rigueur des lois primitives et fut même, si nous en croyons Salluste et Cicéron, réglée par les lois porciennes.

M. Laboulaye dans son très remarquable ouvrage intitulé *Essai sur les lois criminelles des Romains*, a selon nous fort bien montré comment cette peine de l'*aquæ et ignis interdictio* s'était peu à peu introduite à Rome.

M. Laboulaye rappelle d'abord, et nous aurons longuement à revenir sur ce point, quand nous trai-

terons des juridictions compétentes pour prononcer
la peine de la déportation, qu'un des privilèges
inhérents à la qualité de citoyen romain était de
rester en liberté jusqu'au jour du jugement ; la
prison et les chaînes étaient réservées aux provinciaux et aux esclaves. S'il était absolument nécessaire de s'assurer de la personne de l'accusé, on
chargeait un magistrat ou un sénateur de la garde
de sa maison, ou on lui imposait d'aller demeurer
chez un gardien qu'on lui désignait. Pendant ce laps
de temps aucune rigueur ne devait être exercée
contre sa personne. Ces arrêts se nommaient *Cus-
todia libera*, et c'était un moyen d'un emploi très
rare et réservé seulement pour les cas extrêmes,
tant était grand le respect de la loi pour les préroga-
tives du nom romain (1).

D'après M. Laboulaye cette complète absence de
mesures préventives amena un singulier adoucissement dans la justice criminelle. Comme en général,
on restait en liberté jusqu'au jour du jugement, plus
d'un accusé craignant l'issue de son procès sortit de
la ville et ne se présenta point devant ses juges. On
finit même par reconnaître à l'accusé le droit d'abandonner librement la cité jusqu'au dernier moment,

---

(1) Voir sur ce point Cicéron *in Ver*. V, 7, 25-57, *ibid. in* Catil, IV, 5.
— Salluste, Catil, 47. — Voir aussi Tacite, *Annales*, livre VI, § 3.
(Emprisonnement chez les magistrats du sénateur Junius Gallio).

n'y eût-il plus qu'une seule tribu appelée à donner son vote et la majorité fut-elle déjà acquise à la condamnation. Cet exil volontaire était ensuite sanctionné, mais non prononcé par les comices, car ainsi que le dit énergiquement Cicéron, la mort seule pouvait dépouiller un Romain de son titre de citoyen (1).

Cette peine de l'interdiction de l'eau et du feu pouvait convenir à une société encore peu nombreuse et peu civilisée. Un grand empire, un peuple riche ne pouvait conserver une peine qui n'imposait d'autre privation au coupable que celle du sol natal. Avec l'affaiblissement des idées religieuses et patriotiques, cette peine ne pouvait être bien efficace, et la confiscation des biens, qui en règle générale était son corollaire, ne suffisait pas pour la rendre fort redoutable. En outre, en quittant le sol romain, les bannis pouvaient porter leur pas où bon leur semblait (2). Leur réunion en grand nombre dans un

(1) «... *Nam quod ad exilium attinet, perspicue intelligi potest, quale sit. Exilium enim non supplicium est, sed perfugium portuisque supplicii. Nam qui volunt pœnam aliquam subterfugere, aut calamitatem sedem ac locum mutant. Qui si in civitate legis vim subire vellent, non prius civitatem quam vitam amiterrent. Quia volunt, non adimitur civitas sed ab his relinquitur atque deponitur* ». Cicéron, *pro Cœcina*, 34. Voir aussi Laboulaye, *Essai sur les lois criminelles des Romains*. p, 140 et suiv.

(2) Les lois porciennes avaient fixé certaines villes où les bannis avaient le droit de résider, et leur assuraient dans ces villes ce qui était nécessaire pour vivre, mais sans les contraindre à s'y fixer.

même endroit constituait un danger ; aussi dès les premiers temps de l'empire on modifia la peine, de l'*aquæ et ignis interdictio* et on lui donna le nom de *deportatio*.

# CHAPITRE II



La déportation fut créée pour remplacer ou plutôt pour améliorer, pour adapter aux besoins de l'époque et de l'État la vieille peine de l'interdiction de l'eau et du feu.

Avant d'examiner, si cette nouvelle peine remplaça complètement l'ancienne, ou si toutes deux coexistèrent et s'appliquèrent à des cas dissemblables, il nous faut d'abord montrer les différences qui existent entre elles. Ces différences se réduisent en réalité à deux.

1° Celui qui est puni de l'interdiction de l'eau et du feu peut aller où bon lui semble ; aucune résidence ne lui est imposée ; (toutefois par suite de traités, certains pays lui étaient fermés) (1). Le dé-

---

(1) Certains traités avaient imposé à divers États l'obligation de fermer leurs portes aux exilés romains. Voir sur ce point Tite-Live, XLIII, 2.

porté au contraire est soumis à une résidence fixe qui lui est indiquée. (Primitivement les condamnés se rendaient à peu près librement à la résidence qui leur était déterminée ; plus tard leur situation s'aggrava ; ils furent conduits chargés de fers au lieu où ils devaient subir leur peine et la mort châtiait toute tentative d'évasion ou de rupture de ban) ;

2° En cas d'interdiction de l'eau et du feu, celui, qui est frappé, par cette peine ne perd sa qualité de citoyen romain que du jour où il a quitté la ville, et il peut même éviter cette déchéance en restant caché dans Rome. La déportation au contraire produit tous ses effets du jour même de la condamnation.

Ces deux points posés, nous croyons qu'il nous sera plus facile de résoudre la question suivante : La déportation a-t-elle absorbé et remplacé l'*aquæ et ignis interdictio*? ou bien ces deux peines ont-elles continué à exister concurremment ?

Walter (1) dans son *Histoire du Droit criminel romain*, s'est prononcé pour l'affirmative, se bornant à reconnaître que la déportation était d'un usage plus fréquent. Cette opinion partagée par plusieurs autres romanistes, repose sur le passage suivant des

(1) Walter, *histoire du droit criminel chez les Romains*, livre **V**, des délits et des peines, n° 823.

*Institutes :* « Il y a moindre ou moyenne diminution de tête, lorsqu'on perd la cité en conservant la liberté ; ce qui arrive à celui à qui l'on a interdit l'eau et le feu, ou que l'on a déporté dans une île (1). Si nous ne possédions sur cette matière que ce seul texte, il est évident que nous serions obligés de nous rallier à la théorie de Walter ; mais à côté de ce texte de Justinien, nous avons au *Digeste* deux fragments d'Ulpien d'où nous croyons pouvoir conclure que l'interdiction de l'eau et du feu a été supprimée et remplacée par la déportation.

Dans le premier de ces textes, Ulpien nous dit que la peine du péculat, qui était jadis l'interdiction de l'eau et du feu, est actuellement la déportation (2). L'autre passage est non moins formel : *Constat, postquam deportatio in locum aquæ et ignis interdictioni successit, non prius amittere civitatem quam princeps deportatum in insulam statuerit* (3).

Etant donné ces deux textes, si nous considérons encore combien sont faibles les différences qui existent entre ces deux peines, et si d'autre part, nous nous rappelons les raisons d'ordre public qui décidèrent Auguste (4) à modifier la peine de l'in-

(1) *Institutes,* livre I, titre 16, § 2, trad. Labbé.
(2) Loi 3 au *Dig.* livre 48, titre 13, *ad leg.* Jul. peculat.
(8) Loi 2, § 1, au *Dig.* livre 48, titre 19, *de Pœnis.*
(4) On admet généralement que ce fut à la suite de la conjuration de

terdiction de l'eau et du feu et à l'approprier sous un autre nom aux besoins de l'époque ; nous n'hésiterons pas à repousser l'opinion de Walter et à admettre que l'interdiction de l'eau et du feu et la déportation, ne sont au temps d'Auguste, qu'une seule et même peine.

Si Justinien mentionne les deux expressions, il ne faut voir là qu'un abus de langage, et de même que le mot *exilium* sert à désigner les deux peines, déportation et relégation, de même, nous croyons que quand les jurisconsultes de l'époque impériale, se servent des vieilles expressions *aquæ et ignis interdictio*, ils entendent désigner par là la peine de la déportation. (1)

Si on nous demandait pourquoi dès l'instant qu'il modifiait le mécanisme et changeait le nom de l'*aquæ et ignis interdictio*, Auguste n'abrogeait pas formellement cette dernière peine nous répondrions avec M. Laboulaye : « Que chez les Romains il ne faut pas s'attendre à trouver l'abrogation directe d'une institution et son remplacement immédiat par une institution nouvelle ; ce n'est pas ainsi que pro-

Cnéius Cornelius que la déportation fut créée par Auguste. En vain, certains s'appuyant sur un passage de Suetone la font remonter à César. Heineccius leur a répondu d'une façon irréfutable. Voir à ce sujet, Suetone : *Jules César*, chap. 66, et Heineccius : *Antiq. Roman.* I, titre 16, § 11.

(1) M. Ortolan adopte complètement ce système. Voir *Institutes* d'Ortolan commentées par M. Labbé, tome I, p. 156.

cédait ce peuple sévère observateur des précédents
et de la coutume, et qui, semblable en ce point,
au peuple anglais, respectait toujours les anciens
usages sans cependant s'y asservir. » (1)

Passant maintenant aux effets de la déportation,
nous croyons pouvoir les résumer ainsi : « Par le
fait de sa condamnation à la peine de la déportation, le déporté subit une *capitis deminutio media*.

De même que l'*aquæ et ignis interdictio*, la déportation était rangée dans l'échelle des peines à Rome
parmi les capitales, et on le comprendra facilement
en en étudiant les dures conséquences et en se sou-
venant que c'était une peine perpétuelle !

Le condamné à la déportation, avons-nous dit,
subit une *media capitis deminutio*, et par suite il
devient pérégrin, et même ainsi que le fait observer
Marcien (2) pérégrin *sine certâ civitate*. Ce fait ne
manque pas d'importance, car les pérégrins ordinaires ont une cité, une patrie dont ils peuvent invoquer les lois ; ils ont selon une expression moderne,
un statut personnel, tandis que le banni, lui, n'est
citoyen d'aucune ville et il ne conserve comme
droits et facultés que ceux qui dérivent du *jus gentium* (3).

En vertu de ce *jus gentium* qu'on lui laisse, le déporté pourra être propriétaire, acheter, vendre, emprunter, échanger ; mais il lui sera interdit de stipuler au moins sous la forme *spondes, spondeo,* et incapable de tester. D'ailleurs à quoi eut servi de lui laisser le droit de faire un testament puisque tous les biens que par son industrie il aura pu acquérir postérieurement à sa condamnation, doivent revenir après sa mort au fisc ; quant aux autres, ainsi que nous le verrons un peu plus loin ils sont confisqués (1).

Toujours en vertu de la *capitis deminutio* le déporté ne peut figurer dans aucune mancipation, et tous les droits qui dérivent de la qualité de citoyen romain comme le *jus connubii* lui sont enlevés ; il n'a même pas le *jus commercii.* Il ne peut plus postuler pour autrui et dans un but fiscal, un rescrit d'Antonin le Pieux (2) lui interdit d'affranchir ses esclaves.

Il perd également la puissance paternelle : « Celui

*tamen gentium utitur ; emit enim vendit, locat, conducit, permuttat, fœnus exercet et cœtera similia et postea quæsita pignori dari potest nisi in fraudem fisci, qui ei mortuo successurus est, ea obliget. Priora enim bona, quæ publicata sunt alineare non potest.* » Marcien, loi 15, § 1, au *Digeste,* livre 48, 22.

(1) Nous étudierons plus loin les modifications qui au bas empire, ont été apportées à cette rigueur du droit primitif. Rappelons seulement ici que dès le principe, le militaire eut toujours le droit de disposer par testament de son pécule *castrense.*

(2) Marcien, loi 2 au *Dig.,* livre 48, titre 22. « *Manumittere deportatum non posse divus pius rescripsit* ».

qui pour quelque crime, nous disent les *Institutes*, est déporté dans une île, perd les droits de cité; il est effacé du nombre des citoyens romains, et dès lors ses enfants, comme s'il était mort, cessent d'être en sa puissance » (1).

Si au moment de sa condamnation il était encore *alieni juris*, alors il cesse d'avoir une famille et n'est plus par suite soumis à *l'auctoritas* paternelle ; car ainsi que le dit Ulpien « *Neque enim peregrinus civem romanum, neque civis peregrinum in potestate habere potest* ».

Ses droits à l'agnation disparaissent également, et sur ce point il ne peut y avoir de controverse, puisque sans le droit de cité l'agnation n'existe pas. En revanche, on n'est pas d'accord sur la question de savoir si la cognation continue à subsister.

Si l'on s'en rapportait à un passage des *Institutes*, on devrait dire que pour le déporté, il n'y a plus ni agnation, ni cognation. Le texte de Justinien est ainsi conçu : « Quand on a dit que les droits de cognation survivent même à la diminution de tête, on a voulu parler de la petite ; alors en effet la cognation n'est pas détruite. Mais s'il intervient la grande diminution de tête, les droits de cognation s'éteignent aussitôt, » (*Institutes*, livre 1, titre 16, § 6).

Ce texte a fait le désespoir de certains romanistes

(1) *Institutes*, livre I, titre 12, § 1.

qui ne peuvent comprendre comment, par le fait de la condamnation, la parenté naturelle s'évanouit, et M. de Savigny (1) déclare qu'il connaît peu de dispositions plus bizarres que celle-là. Pour notre compte personnel, nous avouons ne pas nous rendre compte des difficultés qu'on prétend rencontrer dans ce fragment des *Institutes*. Nous acceptons la décision de Justinien telle qu'il l'a formulée et nous admettons que le déporté perd non seulement les droits juridiques attachés à la cognation, mais même les droits ou les charges naturels qui peuvent résulter de la parenté du sang. Si cette théorie paraît trop osée, nous rappellerons que jusqu'en 1854 la peine accessoire de la déportation telle qu'elle existait dans notre Code était la mort civile, et que les effets de la mort civile étaient en réalité les mêmes que ceux produits par la *media capitis deminutio*, et que vis-à-vis des siens le mort civil était censé ne plus exister. Nous renverrons encore à tous nos anciens auteurs qui ont traité des effets attachés au bannissement perpétuel et qui les ont comparés à ceux inhérents à la déportation chez les Romains (2), Enfin pour en revenir à l'époque romaine, nous citerons le texte suivant de Modestin qui corrobore absolu-

(1) Voir : M. de Savigny, tome II, chap. II, § 49.
(2) Voir sur ce point Rousseau de Lacombe, *Recueil de jurisprudence* au mot banissement. Voir aussi Dumenil, Lyon 1656, pages 419 et 420. Et Merlin de Douai ; *Répert., de jurisprudence* au mot déportation

ment celui de Justinien : « *Is cui aquâ et igni inter-dictum est, aut aliquo modo capiti diminutus est, ita ut libertatem et civitatem amitteret, et cognationes et adfinitates omnes, quas ante habuit, amittit.* » (1).

Ce n'est pas seulement le point que nous venons d'étudier qui est controversé ; il nous faut mainte-nant, au sujet des effets de la déportation, parler d'une autre difficulté plus sérieuse et plus délicate que celle qui vient d'être exposée.

On a vu précédemment qu'un des effets de la déportation était de faire perdre au banni le *jus connubii* ; par suite il devait s'en suivre que, si avant sa condamnation il s'était engagé dans les liens des justes noces, son mariage serait dissous.

Bien que cette solution soit en parfaite harmonie avec la nature et les effets ordinaires de la *media capitis deminutio*, nous devons citer certains textes qui la contredisent formellement. C'est ainsi qu'Ulpien nous dit : « *Quod si deportatat sit filiafamilias, Mar-cellus ait, (quæ sententia vera est) non utique depor-tatione dissolvi matrimonium : nam cum libera mulier remaneat, nihil prohibet et virum mariti affectionem, et mulierem uxoris aninum retinere* » (2).

Une constitution de l'empereur Alexandre (3) et

(1) Modestin. Loi 4. § 11, au *Dig.*, livre 38, titre 10 De grade et Adf.
(2) Ulpien, loi 5, parag. 1, liv. 48, tit. 20.
(3) Loi 1 au *Code*, liv. 5, tit. 17. *De Repudiis.*

différents autres textes se prononçaient dans le même sens.

Malgré ces documents il est impossible d'admettre que le mariage ne soit pas dissous par la déportation. (Il est bien entendu que si nous croyons que le mariage du Droit civil n'existe plus, en revanche nous admettons qu'il peut, si les époux le veulent, continuer à valoir comme mariage du *jus gentium*). (1)

Ce qui est certain, ce qui est hors de doute, c'est qu'avec la déportation le *jus connubii* disparait; dès lors comment admettre que néanmoins le mariage du Droit civil continuerait à subsister. M. de Savigny a sur cette matière donné, selon nous, la véritable solution en disant que les textes cités veulent simplement dire que le mariage continuera à subsister comme mariage du droit des gens, mais non plus comme mariage du Droit civil.

D'ailleurs il faut constater, qu'avec le progrès des idées chrétiennes, on finit par décider que la déportation n'entraînerait plus la dissolution du mariage. Moins sévère que le législateur de 1810, Justinien sanctionna cette réforme, déjà entrée dans les mœurs : « *Deportatio tamen, quæ veteri aquæ et ignis prohibitioni successit non solvit matrimonia. Hoc enim jam antea sacratissimo Constantino, humanum visum et*

_______________

(1) Voir Savigny, *Traité de Droit romain*, trad. Guenoux, t. II, p. 71.

*a nobis quoque probatum, huic vero legi non annexum est ; adeo ut nec de effectibus éjus dicendum sit quum res in vero statu maneat.* »

Ayant perdu ses droits de citoyen, le déporté ne peut plus être institué héritier (1); une telle institution serait considérée comme nulle. Incapable d'hériter, il est également incapable de tester, son testament, même antérieur à sa condamnation, est *irritum* à partir du jour où l'empereur a approuvé la sentence : « *Ejus, qui deportatur non statim irritum fiet testamentum, sed cum princeps factum comprobaverit : tunc enim capite minuitur* » (2).

Considéré comme un véritable mort civil, les droits d'usufruit qu'il pouvait posséder s'éteignent : « *Ususfructus capitis minutione amittitur, si in insulam fructuarius deportetur* » (3). Justinien sous ce rapport comme sous beaucoup d'autres, adoucit la situation du déporté en lui laissant les droits d'usufruit qu'il possédait avant sa condamnation.

Si le déporté perd ses droits et ses actions, en

______

(1) Nous trouvons cependant des textes dans lesquels on admet qu'il pourrait recevoir à titre de fidéicommis, mais ce n'est que dans le cas où une faveur toute spéciale du prince l'aurait permis. Voir sur ce point Ulpien, loi 16, au *Dig.*, livre 48, titre 22. *De inter et releg.* Loi 5 au Code, livre 9, titre 8  On pouvait aussi lui faire des legs d'aliments. Voir sur ce point Rousseau de la Combe, *op. cit.*, page 35.

(2) Ulpien, loi 6, § 7, au *Dig.*, livre 28, titre 3. *De rup., irr., inj. test.* « Deportatus a præside sine principe et heres existere et legata ex testamento capere potest. » Marcien, loi 15, § 1, au *Dig.*, 48-22-3. Paul, *Sent.*, III, 6, § 29.

revanche ses obligations s'éteignent. Il ne reste même pas pour lui une obligation naturelle, et Papinien décide qu'un fidéjusseur ne saurait y accéder (1).

Quant aux droits politiques, il est bien évident qu'il les perd tous ; en outre et toujours pour les mêmes causes, Ulpien (2), nous dit qu'il est indigne de former une accusation criminelle, et qu'il ne peut même postuler pour autrui ; Callistrate va jusqu'à lui refuser le droit de témoigner en justice (3).

Outre les effets précédemment énoncés, la déportation a encore comme conséquence la confiscation de tous les biens du condamné.

La peine de l'interdiction de l'eau et du feu entraînait souvent à sa suite la confiscation des biens ou tout au moins une très forte amende, mais ce n'était là qu'une peine accessoire s'ajoutant ou ne s'ajoutant pas à la peine principale, l'exil (4). Au contraire le condamné à la déportation est *de plano,* sans qu'il soit besoin d'aucune disposition spéciale, privé de tous ses biens.

Certains auteurs ont prétendu que la confiscation

(1) Papinien, loi 47, princip. au *Dig.*. livre 46, titre 1, *De fidejus.*
(2) Ulpien, loi 5, § 1, au *Dig.*, livre 48, titre 1. *De publ. jud.* et la loi 1, § 6, *in fin.*, au *Dig.*, livre 3, titre 1, *de Postule :« Et qui capitali crimini damnatus est, non debet pro alio stipulare* ».
(3) Callistrate, loi 3, § 5, au *Dig. de test.*, livre 22, titre 5.
(4) A la suite des guerres civiles, Sylla attacha à l'exil la peine de la publication des biens.

était la suite naturelle de la *capitis deminutio*, M. de Savigny (1), a victorieusement combattu cette théorie et démontré que la *capitis deminutio* n'entraînait nullement la confiscation, mais que ce châtiment pécuniaire était attaché par la loi à certaines peines, parmi lesquelles on compte la déportation :

1° Dit M. de Savigny : « Le régime de la confiscation ne peut être placé avec certitude antérieurement à Auguste. (Autrefois la propriété des biens était réglée d'une manière toute différente, et la *capitis deminutio* appartient au droit primitif.) »

2° « La confiscation résulte de la condamnation à des peines déterminées, et n'atteignait certainement pas le *civis* qui subissait la *media capitis deminutio* en entrant dans une colonie latine. »

3° « Le changement d'état produit par la *maxima* et la *media capitis deminutio* n'implique nullement de sa nature la succession du fisc. En effet le déporté (*med. cap. dem.*), d'après la nature générale de son nouvel état n'aurait pas dû perdre ses biens, car il avait comme un étranger libre, la capacité de la propriété. »

Puisque la confiscation est la suite de la peine principale, c'est-à-dire de la déportation, pour envisager ses effets ce n'est plus la *media capitis deminutio*

______

(1) Voir M. de Savigny, *op. cit.*, page 69. Voir aussi Tite-Live, t. III, 58, 83.

que nous devons étudier, mais la confiscation même.

Dans le Droit romain, un premier principe était, que la confiscation ne produisait ses effets que du jour de la condamnation. Jusque là toute aliénation faite par le condamné était valable, à la condition qu'il n'y ait pas eu fraude de la part de l'acquéreur. Dans le cas contraire le fisc pouvait faire rescinder la vente (1).

A l'origine les donations faites antérieurement aux faits qui avaient entraîné la condamnation à la déportation étaient pleinement valables. Une constitution des empereurs Sévère et Antonin décida que les donations, faites par une personne qui se serait rendue coupable d'un crime emportant une peine capitale, seraient nulles alors même qu'elles seraient antérieures à la faute (2).

C'est là d'ailleurs, croyons-nous, le seul cas où la confiscation produit un effet rétroactif.

Du principe que la confiscation ne produit d'effets que du jour de la condamnation, il en résultait que si l'accusé mourait avant le prononcé de la sentence, ses héritiers recueillaient sa succession (3).

Aussi arrivait-il souvent que, dans l'intérêt des

(1) Marcien, loi 11, § 1, au *Dig.*, livre 48, titre 20 de *Bon. Dam.* Voir aussi sur ce sujet, Paul, loi 45, princip. du *Dig.*, 49, 14 de *jure fisc.*

(2) Ulpien, loi 15 au *Dig.*, livre 39, titre V.*De don.* « *Post contractum capitale crimen donationes factæ non valent, ex constitutione divorum Severi et Antonini, nisi condamnatio secuta sit.* »

(3) Loi 3, princip. au *Dig.*, livr. 48, titre 21.

siens, celui qui était sous le coup d'une accusation pouvant entraîner la déportation, se suicidait et parvenait ainsi à empêcher la ruine de ceux qui lui étaient chers.

Dan un but purement fiscal, on décida que ceux, qui se donneraient la mort par crainte de la condamnation future, auraient comme héritiers, non les leurs, mais l'État. Toutefois la famille avait la faculté de prouver que le *de cujus* s'était tué non par terreur de la peine qui le menaçait, mais par dégoût de la vie, par suite de chagrins, soit physiques, soit moraux. Cependant une exception était faite, relativement aux accusés de *perduellio* (1) ; ceux-là quels que fussent les motifs de leur suicide, n'avaient jamais comme successeurs que le fisc (2).

Divers moyens étaient employés par les déportés pour déjouer l'âpreté du fisc ; un des plus fréquents était de confier ses biens à des tiers. Pour empêcher cette fraude, des peines rigoureuses furent édictées contre ceux qui consentiraient à se prêter à cette manœuvre. En cas de non déclaration et de non restitution, les tiers détenteurs étaient condamnés

---

(1) Nous étudierons plus tard les différents crimes désignés par le mot *perduellio*. Disons seulement maintenant que sous la dénomination de *perduellio* on rangeait tous les crimes se rapportant à la trahison extérieure, aux intelligences avec l'ennemi.

(2) Voir loi 2 au *Code*, livre 9, titre 50. « *De bonis eorum qui mortem sibi consciverunt.* »

outre la restitution à une amende égale au quadruple
de la valeur des biens recélés (1).

Ainsi tous les biens que le condamné possédait
au moment de sa condamnation, lui étaient confisqués ; mais par son travail, par son intelligence,
rien ne l'empêchait là où il était déporté de se
reconstituer une fortune. Seulement, le pécule qu'à
force de courage et d'énergie il pouvait parvenir à
amasser, c'était encore à l'État qu'il devait revenir
après sa mort (2).

Et c'était non seulement la fortune personnelle
du père de famille sur laquelle le fisc venait mettre
la main ; il prenait encore celle du fils. C'est ainsi
que le pécule profectice du fils du déporté, était
confisqué avec les autres biens appartenant à son
père (3). Néanmoins on doit dire que l'opinion contraire a été soutenue ; on a prétendu en s'appuyant
sur une décision de Claude (4), que le fils gardait
son pécule profectice, comme il gardait d'ailleurs

(1) Voir loi 11 au *Code*, livre 9 titre 49. *De bonis proscriptorum.*

(2) Des adoucissements furent apportés au bas empire et on permit aux
enfants de recueillir partie de la succession de leur père, mais primitivement c'était le fisc seul qui héritait : « *Quod si dedortatus est, quoniam
quia civitatem amittit, heredem capere non potest, etiam postea adqui-
sita fiscus capit* ». Paul, loi 7, § 5, au *Dig.* livre 48, titre 20, *De bonis
damnatorum.*

(3) Ulpien, loi 1, § 4, au *Dig.*, livre 15, titre 2. *Quando de pecul.*

(4) « *Utputa si patris ejus bona a fisco propter debitum occupata sunt;
nam peculium ei ex constitutione Claudii separatur.* » Loi 3, § 4, au
*Dig.* liv. 4, titre 4.

son pécule castrense (1). Nous repoussons cette théorie, car le texte de Claude que nous donnons en note ne s'applique nullement à notre espèce.

Pour en terminer avec la confiscation des biens du déporté, il ne nous reste plus qu'à parler de la dot. Sur ce sujet, il faut dis tinguer suivant que la condamnation a été encourue par le mari ou par la femme.

Est-ce le mari qui est déporté ; en ce cas sa condamnation ne peut nuire à sa femme dont les biens sont à l'abri de toute publication. Elle pourra toujours réclamer au fisc le montant de sa dot (2). Quant à ce qui concerne la donation *propter nuptias*, comme les biens la composant ne faisaient pas partie du patrimoine du mari, il s'en suit nécessairement que l'État ne pouvait s'en emparer. (3).

Était-ce au contraire la femme qui était condamnée à la déportation, il y avait, alors, en faveur de sa dot deux privilèges spéciaux : 1° Si elle se séparait de son mari et qu'elle fût *filia familias*, le père, avait contre le fisc l'action en répétition de dot.

(1) Non seulement le fils d'un déporté gardait son pécule castrense, mais même par une faveur toute spéciale le soldat qui avait encouru une peine capitale pouvait disposer par testament de son pécule castrense, et au cas où il n'en disposait pas, ses agnats jusqu'au 5<sup>me</sup> degré primaient le fisc. Voir sur ce point les lois 1 et 2, au *Dig.*, livre 38, titre 12, *De veteranorum successione*.

(2) Loi 2, princip. et § 1, au *Dig.*, livre 3, titre 5. *De fundo dotali* ; et loi 9, au code, livre 9, titre 49. *De bonis proscriptorum seu damnatorum*.

(3) Voir la loi 9 au Code, précitée, livre 9, titre 49.

2° Si elle était *sui juris*, le mari gardait la dot, soit qu'il restât avec sa femme, soit qu'il s'en séparât, car on admettait *quasi humanitatis intuitu* qu'il dût être préféré au fisc (1).

En étudiant les effets de la déportation sur les biens du condamné, nous avons vu que cette peine frappait non seulement le coupable, mais même les siens, ce qui est en complète contradiction avec ce grand principe posé par Paul (2), que lorsqu'une peine est encourue par un homme elle ne doit pas frapper ses héritiers. Toutefois il faut noter que, c'est de la succession seule de leur père que les enfants étaient privés ; leurs autres droits de famille restaient intacts. Une loi d'Alfenus insérée au *Digeste* fait admirablement cette distinction : « *Eum, cui civitatem adimeret, nihil aliud juris adimere liberis, nisi quod ab ipso perventurum esset ad eos, si intestatus in civitate moreretur : hoc est, hereditatem ejus, libertos, et si quid aliud in hoc genere reperiri potest : quæ vero non a patre sed a genere, a civitate, a rerum naturâ tribuerentur, ea manere eis incolumia. Itaque fratres fratribus fore legetimos heredes, agnatorum tutelas, hereditates habituros : non enim hæc patrem sed majores [ejus] eis dedisse.* » Alfenus, loi 3 au *Dig.* livre 48,22.

---

(1) Voir au *Dig.* la loi 5, § 1, liv. 48, tit. 20.
(2) Paul, loi 20 au *Dig.* liv. 48, tit. 19, *de Pœnis.*

# CHAPITRE TROISIÈME

CRIMES PUNIS PAR LA DÉPORTATION

Le droit criminel romain n'ayant jamais été codifié, on est forcé de chercher dans ses divers monuments les textes enseignant les cas ou la peine de la déportation était encourue.

Pour plus de clarté nous diviserons cette partie de notre étude en deux sections :

1° Crimes de droit public ; c'est-à-dire crime contre l'État et l'ordre social ;

2° Crimes de droit privé, c'est-à-dire crimes contre les personnes et la propriété.

## SECTION PREMIÈRE

### *Crimes de droit public*

Les principaux crimes de droit public punis à Rome par la déportation étaient : *la brigue (ambitus) le péculat, la concussion, le faux monnayage, la magie, le crimen majestatis.*

Nous allons successivement passer en revue ces divers crimes, nous proposant d'insister surtout sur le dernier, au nom duquel les empereurs commirent tant d'atrocités, nous rappellant aussi qu'à une certaine époque il était devenu, comme le dit Tacite : « le complément nécessaire de toutes les accusations. »

**De la brigue.** — Quelles que soient les ressources ingénieuses qu'on ait vu employer de nos jours par certains candidats désireux d'obtenir à tout prix les suffrages populaires, nous croyons que, même en cette matière, ceux-ci n'auraient pu que tirer grand profit de l'étude des élections chez les Romains.

Le scandale à Rome prit à une époque de telles proportions, il y eut chez tous les aspirants aux fonctions électives une telle ardeur à frauder le scrutin, que l'on dût prendre des mesures énergiques ; et dans des cas, où à notre époque, l'on se borne à invalider l'élection de celui qui, pendant la période électorale, a employé les manœuvres les plus indélicates et les plus répréhensibles, à Rome, on l'eût, pour sa vie entière, déporté dans une île plus ou moins déserte.

Cette peine de la déportation, contre les candidats peu scrupuleux, ne fut pas édictée tout d'un coup ; on s'était d'abord efforcé de restreindre la brigue à l'aide de pénalités moins rigoureuses que l'exil perpétuel (1). Tous les moyens et toutes les pénalités étant restés sans effet, on se décida sous le consulat de Crassus et de Pompée, à frapper un grand coup. Une loi *Licinia* punit certains cas de brigue par la déportation dans une île. Cette loi *Licinia* avait surtout pour but de réprimer la *sodalitas*. On désignait sous le nom de *sodalitas* des réunions secrètes, des associations dans lesquelles les can-

_______________

(1) Une première loi rendue en 322 et connue sous le nom de loi Furia interdit le port de la robe blanche qui désignait de loin le candidat au peuple. Une loi Petilia (396) interdit de briguer les suffrages hors du *forum* ou du Champ de Mars. Diverses autres lois (lois *Gabinia, Fabia, Tullia, Audifia*) furent rendues contre la brigue à diverses époques, mais nous en ignorons les dispositions. Nous savons toutefois que la loi Tullia, rendue surtout contre Catilina, ajoutait aux pénalités édictées par les précédentes, un exil de 10 ans. Dion Cassius, parlant d'une loi *Acilia Calpurnia*, dit qu'elle punissait de l'incapacité d'entrer dans la magistrature, ceux qui avaient été condamnés pour fait de brigue. Voir sur ce point Sigonius *De pub. jud.*, tome II, § 30.

didats enrégimentaient des individus auxquels ils donnaient mission au jour du scrutin de fomenter des troubles et des émeutes, à la faveur desquels on falsifiait le contenu des urnes, ou on faisait ajourner une élection qui s'annonçait mal. La loi Licinia fixait et réglait la procédure à suivre contre ceux qui s'étaient rendus coupables des faits que nous venons d'exposer (1). Malheureusement contre les mœurs et les déplorables habitudes d'un peuple en décadence, toutes les rigueurs de la loi devaient rester impuissantes ; seulement, chose bizarre et à noter, c'est au fur et à mesure que les fonctions électives deviennent moins importantes, que les faits de brigue ou en tous cas les pénalités contre la brigue deviennent de plus en plus nombreux (2).

C'est ainsi que la loi Julia de Ambitu (736) assimila la brigue à la *vis publica* et la punit de la déportation lorsque le candidat «*turbam suffragiorum conduxerit, servos advo caverit, aliamve quam multitudinem conduxerit.* » (3).

Pour en terminer avec la brigue, nous citerons à titre de curiosité, une constitution des empereurs Arcadius et Honorius ainsi conçue : « *Nullus omnino*

---

(1) C'était l'accusateur qui avait le droit de désigner lui-même dans quatre tribus, les juges lui convenant ; quant à l'accusé, il n'avait qu'un droit, celui de récuser l'une des tribus.

(2) Notons encore une loi Pompéia postérieure à la loi Licinia rendue contre les *laudationes.*

(3) Paul. Sent. v. 30.

*principatum vel numeratum, seu commentariensis gradum, vel cœtera officia repetere audeat : cum publicœ disciplinœ semel gesta sufficiant. At si quispiam promotorum denuo ad munus (etiam) per sacras litteras irrepserit, quod ante docebitur gessisse : cassatis, quœd hoc modo sunt impetrata, ad solutionem debiti primitus urgeatur : et qui contra facerent pœnam deportationis (ad instar legis Juliœ ambitus) excipiant.* » (1)

**Du Péculat.** — On désigne sous le nom de péculat, le détournement frauduleux des deniers de l'État. Ce crime fut suivant les époques puni d'une façon plus ou moins rigoureuse. Primitivement, il n'était châtié que par une amende, et aux premiers temps de Rome cette amende était payée en têtes de bétail, d'où le nom de péculat (2). Sous l'empire il fut puni suivant la gravité des cas, tantôt par une simple amende soit du double, soit du triple, soit du quadruple ; tantôt et probablement pour des cas exceptionnellement graves par la déportation. Nous devons toutefois faire remarquer que quelques auteurs n'admettent pas cette solution et soutiennent qu'une amende était la seule peine édictée contre le péculat même sous l'empire. Ils appuient leur opinion sur

(1) Loi uniq. au Code livre 9.26. *Ad leg. Jul. de ambit.*

(2) Cet étymologie et cette théorie sont contestées. Les premières monnaies de Rome portaient comme effigie une tête de bœuf ou de mouton, de là pourrait venir le mot péculat.

deux textes de Paul et de Modestin que nous donnons
en note (1); mais nous croyons que notre théorie qui
repose sur un texte d'Ulpien, c'est-à-dire d'un contemporain de Paul et de Modestin est la seule qui
parvienne à concilier les différents textes. Le texte
d'Ulpien est ainsi conçu : « *Peculatus pœna aquœ et
ignis interdictionem, in quam hodie successit deportatio, continet. Porro qui in eum statum deducitur,
sicut omnia pristina jura, ita et bona amittit* » *(2)*.

**De la concussion.** — On entend en général par le
mot concussion, l'acte à l'aide duquel un fonctionnaire s'empare, au moyen de violences soit maté-

_______

(1)« *Is, qui prædam ab hostibus captam surripuit, lege peculatus tenetur et quadruplum damnatur.* » Voir Modestin au *Dig.* loi 13, livr. 48,
tit. 13. *Ad leg. Jul. Pecul.* D'après un texte de Marcien la peine serait
suivant certaines interprétations du tiers, suivant Godefroy (*Comment.*
du Code Théodosien, loi 1, liv. IX, 28) du triple, suivant la grande glose,
du quadruple : « *Qua lege damnatus, amplius tertia parte, quam debet,
punitur,* » — Marcien, loi 4, § 5 au *Dig.*, liv. 48, tit. 13. Enfin à l'appui
de notre thèse citons un texte d'Ulpien qui parle lui aussi de la condamnation au quadruple : « *qui autem aurum ex metallo habuerit illicite, et
conflaverit. in quadruplum condemnatur.* » — Ulpien, loi 6, § 2, *in fine,
Dig.*, 48-13.

(2) Ulpien, loi 3, au *Dig.*, liv. 48, 13. Certains romanistes, pour concilier
les textes que nous venons de citer, ont adopté une théorie très ingénieuse
de Mattheus. D'après Mattheus il faudrait distinguer suivant que l'action
est dirigée contre le coupable ou contre ses héritiers. Est-elle dirigée
contre le coupable lui-même, alors la peine de la déportation sera encourue;
si au contraire le coupable est mort dans l'année et que l'action soit dirigée
contre ses héritiers, alors la peine sera purement fiscale, et ce sera une
amende du quadruple. Le seul tort de cette théorie est de ne pouvoir
s'appuyer sur aucun texte. — Voir Mattheus *de criminibus*, page 570. Le
crime de péculat devait être assez fréquent à Rome, car il était soumis à
une question spéciale, et c'était soit un Préteur, soit un consul qui avait
mission d'instruire le procès.

rielles, soit simplement morales, des biens des particuliers. Cujas la définissait : « *Terror injectus
percunæ alteriusve rei extorquendæ gratia.* » Et Pothier en a donné les deux principales formes en disant :
« Tantôt par la crainte qu'il inspire, le fonctionnaire se fait donner ce qui ne lui est pas dû, et tantôt il se fait payer pour rendre un service qui est
de son office et qui devrait être gratuit. »

Jamais peut-être la concussion ne s'exerça sur une
plus grande échelle qu'à Rome, et on ne peut se faire
que difficilement une idée exacte de l'âpreté avec
laquelle les proconsuls pressuraient leurs provinces.
Le cas de Verrès était celui de tous ses collègues, et
on peut affirmer que celui contre lequel Cicéron prononça le plus sanglant de tous les réquisitoires, n'avait
fait que suivre l'exemple de ses prédécesseurs. D'ailleurs les peines édictées contre ces magistrats rapaces
étaient sous la République, moins que rigoureuses (1).
Toute l'aristocratie ayant intérêt à pressurer les peuples conquis, le Sénat ne pouvait se montrer bien
sévère pour des faits regardés comme légitimes et

(1) Ce fut Porcius Caton qui fit probablement rendre la première loi
contre la concussion. Cette loi, connue sous le nom de Calpurnia, établit
la première question permanente. Vers le milieu du VII° siècle on rendit
dans le même but et avec non moins d'insuccès les lois Junia, Servilia et
Cecilia. La loi Cecilia punissait le magistrat concussionnaire d'une forte
amende (restitution au double) et donnait une prime à l'accusateur. La
loi Cornelia *De Sicariis et Veneficiis* obligea sous des peines pécuniaires
rigoureuses les magistrats à rendre leur compte et éleva l'amende, en cas
de détournement, au quadruple.

indispensables par la majorité de ses membres. A
part Caton et Cicéron, on ne trouverait peut-être pas
dans les deux derniers siècles de la République, un seul
haut fonctionnaire n'ayant fait la fortune qui lui avait
permis de briguer les grandes charges de l'État,
autrement que par le pillage des peuples conquis.

Mommsen, dans son *Histoire romaine,* a tracé un
piquant tableau de la situation faite par l'aristocratie
romaine aux provinces vers la fin de la République ;
nous donnons ici ce passage qui résume merveilleusement et l'âpreté des proconsuls romains, et l'impunité qui leur était généralement assurée : « L'oligar-
chie romaine, semblable à une grande troupe de
voleurs, s'en allait, par vocation et par métier, au
pillage des malheureuses provinces. A être le plus
habile, on n'y mettait pas plus de ménagements. A
quoi bon ? ne faudrait-il pas un jour partager avec
avocats et jurés ? On volait plus sûrement en volant
davantage. Et puis on se piquait d'honneur ; le grand
bandit n'avait que mépris pour le petit pillard, celui-
ci que mépris pour le simple écornifleur : que si, par
cas extraordinaire l'un deux venait à être condamné,
quelles n'étaient point ses vanteries sur le gros chiffre
des concussions dont il demeurait convaincu. » —
Mommsen, traduit par M. Alexandre, tome VIII,
page 156.

Cependant le scandale était tel que même sous la

République, on se décida à frapper de peines pécuniaires les magistrats concussionnaires. Seulement, soit que ces lois fussent peu ou point appliquées, soit qu'elles ne fussent pas assez rigoureuses, les provinces continuèrent à être tout aussi pillées que par le passé.

Avec la chute de l'aristocratie, la situation des provinces allait considérablement s'améliorer. Désireux de popularité, désireux aussi de ruiner et d'abattre les grands seigneurs romains qui seuls se refusaient à accepter le despotisme impérial, les Césars devaient s'efforcer de mettre un frein à la vénalité de leurs lieutenants.

La première grande loi rendue contre la concussion fut en réalité la fameuse loi (1) Julia *repetundarum* due à Jules César, c'est à elle que se réfèrent toutes les autres dispositions qui furent plus tard édictées sur la même matière. Bien qu'appartenant au parti vaincu, Cicéron ne pouvait s'empêcher de qualifier cette loi Julia *repetundarum* : d' « *optima, acerrima, justissima* ».

Cette loi visait quiconque, magistrat, fonctionnaire ou même simple citoyen, avait malversé et reçu ou pris indûment la chose des provinciaux. Elle proscrivait toute exaction, limitait les réquisitions en nature

(1) Voir sur toute cette matière Mommsen, *op. cit.*, appendice, tome VIII, pages 306 et suivantes.

dont les gouverneurs en voyage avaient coutume
d'abuser tant pour leur escorte que pour eux-mêmes.
Elle leur défendait d'emmener avec eux des femmes (1) ; de se faire décerner des couronnes d'or
(à moins qu'ils n'aient obtenu du Sénat le triomphe),
de lever d'autres impôts que les impôts légaux ; de
vendre à prix d'argent les privilèges ou licences ;
d'exiger des cadeaux sauf dans certains cas exceptionnels. Enfin elle astreignait les fonctionnaires à
rendre tous les ans leurs comptes en triple exem-
plaire.

Les infractions à ces dispositions étaient punies
soit par une amende s'il ne s'agissait que de choses
légères (avoir accepté une couronne d'or, avoir en
voyage perçu des réquisitions exagérées, etc.), soit
par l'exil s'il s'agissait de choses graves comme par
exemple d'avoir perçu à son profit des impôts illégaux.

La loi Julia *repetundarum* produisit les meilleurs
résultats et fut durant tout l'empire sévèrement
appliquée. Tibère, Claude, Aurélien et Marc-Aurèle
lui firent subir quelques changements sans grande
importance.

**Du faux monnayage.** — Nous ne savons au juste
de quelles peines était punie à l'origine la falsification
des monnaies. Le premier document que nous

(1) Les lois Oppiennes avaient même interdit aux gouverneurs de provinces d'emmener avec eux leurs épouses. Voir sur ce point un très curieux
passage de Tacite. *Annales*, livre III, § 33, 34 et 35.

ayons sur cette matière, est la loi Cornelia *de falsis* (1). Justinien, qui en fait mention dans ses
*Institutes* nous dit que la peine qu'elle édictait était :
« contre les esclaves, le dernier supplice, de même
que dans la loi sur les sicaires et les empoisonneurs,
et contre les hommes libres, la déportation. » (*Inst.*,
livre IV, titre 18, § 7).

Plus tard, les faux monnayeurs se multipliant, les
peines prononcées contre eux furent aggravées. Des
primes furent accordées au dénonciateur, et Constantin, comme notre Code pénal, promit l'immunité
au révélateur. En outre, trouvant les pénalités trop
douces, il assimila le crime d'émission de fausse
monnaie à celui de lèse-majesté, et condamna ceux
qui s'en rendraient coupables au supplice du feu (2).

**De la Magie et du Sacrilège.** — Peuple éminem-
ment superstitieux plutôt que religieux, les Romains
eurent toujours une très grande tolérance pour les
sectes diverses qui peuplaient leur empire, et ils
laissèrent en général libre carrière même aux reli-
gions nouvelles qui tendaient à s'implanter jusque dans
Rome ; si plus tard ils se montrèrent féroces et barbares vis-à-vis des chrétiens, il faut voir dans leur
cruauté non un sentiment fanatique et religieux,

(1) La loi *Cornelia de falsis* est encore nommée loi *Cornelia testamentaria Nummaria* (Cicéron) parce que les faux en matière de testaments
ou de monnaies étaient compris dans ces prévisions pénales.
(2) Loi 1 au *Code*, livre 9, titre 24, *De Falsa Moneta* et loi 2, *ibid.*

mais simplement une lutte acharnée contre les ten-
dances politiques et sociales qui portaient ombrage
au pouvoir et à l'ordre établi. Si donc en matière de
foi les Romains firent la plupart du temps preuve
d'une très grande tolérance, en revanche croyant
aux sorciers, aux jeteurs de sort, ils édictèrent les
pénalités les plus dures contre les magiciens.

La loi des XII Tables, qui en faisait mention, les
punissait probablement du dernier supplice (1). Plus
tard, les rigueurs de la législation primitive furent
adoucies, et la peine de mort fut remplacée par celle
de l'exil (2). Sous l'empire on en revint aux rigueurs
du temps passé, et Paul (3) nous apprend que ceux
qui étaient convaincus de magie étaient brûlés vifs et
leurs complices livrés aux bêtes ou mis en croix.
La sévérité de la loi alla jusqu'à défendre d'avoir des
livres de magie, et celui en possession duquel on
trouvait quelque volume concernant la sorcellerie
était puni par la déportation s'il était *honestior*, par
la mort s'il était *humilior* (4).

Il ne faudrait pas croire cependant que ce soit sur-

(1) Voir sur ce point, Ortolan, *Hist. et général*, *op. cit.*, page 110.
Voir aussi Pline, *Histoire naturelle* 28, 20.

(2) Dion Cassius rapporte que M. Agrippa étant édile, tous les astrolo-
gues furent expulsés de la ville. Dion Cassius, 49, 43.

(3) Paul, *Sentences*, V., 21, § 3 et 23, § 16, 17 et 18.

(4) Un sénatus-consulte rapporté par Modestin fit tomber sous le coup
de la loi Cornelia et punit de la déportation l'emploi frauduleux de malé-
fices. Voir loi 13 au *Dig.*, livre 48, titre 8.

tout la crainte des incantations et des sorts jetés par
les magiciens qui ait conduit à cette aggravation des
peines. Nous pensons, de préférence, que ces rigueurs
eurent pour but d'arrêter la marche du christianisme,
car ce furent surtout les chrétiens que l'on accusa de
maléfice et de magie.

La haine et les inquiétudes que le pouvoir éprouvait en voyant les progrès incessants de la nouvelle
religion du Christ, firent prendre des dispositions
restrictives de la liberté religieuse : « *qui novas et
usu vel ratione incognitas rationes inducant, eo quibus
animi hominum moveantur, honestiores deportan-
tur, humiliores capite puniantur*». (Paul, *Sent.* V, 21,
§ 2.)

En ce qui concerne le vol sacrilège, il ne fut puni
plus sévèrement que les autres vols qu'à une époque
relativement récente, ou tout au moins nous ignorons
les dispositions particulières qui, sous la République,
étaient portés contre lui ; la législation impériale sur
ce point est résumée dans la loi suivante d'Ulpien :
« *Sacrilegii pœnam debebit proconsul pro quolitate
personœ, proque rei conditione et temporis et œtatis
et sexus, vel severius vel clementius statuere ; et scio
multos ad bestias damnasse sacrilegios, allios vero
in furca suspendisse. Sed moderanda pœna est
usque ad bestarium damnationem eorum qui manu
facta templum effregerunt et dona Dei noctu tule=*

*runt. Ceterum, si quis interdiu modicum aliquid de templo tulit, pœna metalli cœrcendus est, ut sit nones-honestiore loco natus sit, deportandus in insulam est.* »
(Ulpien, loi 6, princip. au *Dig.*, 48, 13.).

La violation de sépulture qui primitivement n'était punie que par une amende dont le montant ne pouvait pas dépasser la somme de *centum aureorum*, fut plus tard assimilée au vol sacrilège, et on la punit de peines identiques (1).

**De la violence et du crimen majestatis.** — Sous cette dénomination de *crimen majestatis* on entend tout crime contre l'État : Certes définir ce *crimen majestatis* serait le plus sûr moyen de mettre un frein à l'arbitraire ; mais justement tous ceux qui ont édicté des châtiments au nom de la sûreté générale se sont complus à ne rien préciser afin de pouvoir mieux frapper ceux qui les gênaient. Dans cette étude du *crimen majestatis* nous allons avoir encore une fois l'occasion de voir que les peuples modernes dans leurs vices comme dans leurs grandeurs, n'ont jamais été que les copistes des Romains. Si épouvantables, si antijuridiques qu'aient été ces deux lois qu'on appelle la loi des suspects et la loi de sûreté géné-rale, elles ne furent qu'un pâle reflet des dispositions terribles que prirent les empereurs romains contre

(1) Ulpien, loi 3, au *Dig.*, livre 47, titre 12. Voir aussi Macer, loi 8 même titre, *De sepulchro violato*. Selon Macer le crime en *sepulchri violati* rentrerait dans les crimes punis par la loi Julia *de vi publica*.

ceux qui portaient ombrage à leur autorité. Il ne faudrait pourtant pas croire que le *crimen majestatis* fut inventé par l'empire ; il existait déjà du temps de la république et était puni, si nous nous en rapportons à un texte de Paul, par l'interdiction de l'eau et du feu. (Paul, *Sent.*, V, 29).

Mais avant de tenter de donner une définition du *crimen majestatis* et de rappeler le triste usage qu'on en fit, il nous faut dire quelques mots d'un autre crime désigné sous le nom générique de *violence* et dont la définition ne laisse guère moins de place au vague et à l'arbitraire que le *crimen majestatis*. Ce crime de violence consistait à troubler l'ordre public. On voit que M. Laboulaye a pu dire avec raison que ce crime était non moins élastique que celui de lèse-majesté et qu'on pouvait y faire tout rentrer.

Une loi Julia *de vi* rendue sous César, reprit toutes les dispositions édictées par les lois précédentes (Loi Plautia, loi Pompeia) (1) contre la violence et prononça contre ceux : « qui paraîtraient armés sur les places publiques, qui formeraient des associations illicites, qui essaieraient d'intimider les juges ou les magistrats dans l'exercice de leurs fonctions, qui

______

(1) La violence avait été d'abord réprimée par une loi Plotia ou Plautia rendue sans doute à la suite des désordres du viie siècle. La peine édictée d'abord par la loi Plautia, et plus tard par la loi Pompeia, était l'interdiction de l'eau et du feu. (La loi Pompeia avait été rendue à l'occasion du jugement de Milon.)

détiendraient des armes de guerre (1) », la peine de l'exil (2).

Nous n'insistons pas, quelqu'intérêt qu'elle puisse présenter, sur cette loi Julia *de vi*, car tous les cas qu'elle énumère rentrent dans le *crimen majestatis* et nous nous bornerons à rappeler que Cicéron ne définit jamais le crime de lèse-majesté sans y introduire la violence : *Majestas est in imperii atque in populi romani dignitate, quam minuit is qui per vim multitudinis rem ad seditionem vocavit : extitit illa disceptatio : minuerit ne majestatem qui volontate populi romani rem gratam et æquam per vim egerit.»* (Cic. *pro Cluent*).

**Du crimen majestatis.** — Nous arrivons maintenant à ce crime de lèse-majesté qui, dans l'histoire, a. laissé de si tristes souvenirs, au crime dont le nom seul éveille en l'esprit l'image de l'arbitraire et du despotisme sous sa forme la plus odieuse et la plus cruelle. C'est au nom du *crimen majestatis* que les empereurs ont déporté ou mis à mort les citoyens les

---

(1) Voir sur ce point Laboulaye, *op. cit.*, page 317 : Walter, *op. cit.*, page 29. Voir aussi Suétone, Octave, 32. Lois 1, 2, 3, 5, au *Dig.*, livre 48, titre 6. *Ad legem Juliam de vi publica*; nous en citerons seulement ce passage qui présente une singulière analogie avec la loi de sûreté générale rendue sous le second empire et contre laquelle, au Sénat, M. de Mac-Mahon fut seul à protester : « *Lege Julia de vi publica tenetur, qui arma tela domi suæ, agrove, in villà præter usum venationis, vet itineris, vel navigationis cægerit.* »

(2) *Damnato de vi publica, aqua et igni interdicitur.* » (Ulpien, loi 10, § 2, au *Dig.*, 48, 6.)

plus illustres et les plus intègres ; c'est en son nom qu'ils ont envoyé en exil ou sur l'échafaud tous ceux qui, par leur nom, par leurs vertus, par leurs talents étaient l'honneur de la Rome impériale ; c'est en son nom qu'ils ont fait périr dans les tourments les plus atroces et les plus variés ou envoyé s'éteindre sur quelque plage lointaine et malsaine tous ceux qui refusaient de s'incliner et de s'humilier devant les statues de l'Empereur-Dieu.

Toutefois nous le répétons, quand on lit dans Suétone ou dans Tacite la longue nomenclature des victimes des Tibère ou des Néron, il ne faudrait pas penser que le crime de lèse-majesté ait été imaginé par les empereurs. Ceux-ci en firent le plus épouvantable des usages, mais ils ne l'inventèrent pas pour les besoins de leur cause, ils se bornèrent, du moins à l'origine, à mettre continuellement en vigueur une loi qui sous la république n'avait servi que dans des circonstances exceptionnelles.

Le *crimen majestatis* remonte en effet aux premiers temps de Rome, et était sous la république puni par l'interdiction de l'eau et du feu (1). Sigonius (2) dans son traité de l'ancien Droit romain s'est longuement étendu sur ce sujet, et nous en a donné la définition suivante : « *Majestatem minuere esse de dignate*

(1) Paul. *Sentences* livre, V, 39.

(2) Voir sur ce point *Sigonius de antiquo jure populi romani*. Livre 2. chap. 29, page 533. *(De publicis judiciis)*.

*aut amplitudine aut potestate populi, aut eorum qui-*
*bus populus potestatem dedit, aliquid derogare.* »

Ainsi ce crime serait donc celui qui consisterait à
diminuer la dignité et l'extension du peuple romain,
à exciter les alliés de Rome à la révolte. En résumé
et malgré le vague de cette définition, vague qui
plus tard devait laisser libre carrière à l'arbitraire,
nous trouvons deux faits distincts :

1. La conspiration à l'intérieur contre l'état,
*Proditio.*

2. La conspiration à l'extérieur, *Perduellio.*

La portée du mot *proditio* a d'ailleurs varié suivant
les époques. A l'origine, sous les rois, on désignait
par le mot *proditio* toute atteinte portée au pouvoir
du chef de l'État. La peine édictée à cette époque
contre la *proditio* devait selon toute probabilité être
la mort ; sous la république, le terme *proditio* sert
surtout à désigner les tentatives faites pour troubler
l'ordre intérieur ; d'après la loi des XII Tables, celui
qui tentait de bouleverser la cité était puni de mort (1).
A la fin de la république, il est vraisemblable que le

_______

(1) D'après un passage de *Porcius Latro* rapporté par M. Ortolan la loi des XII Tables aurait puni de mort même les réunions séditieuses,
quand elles avaient lieu de nuit : « *Primum XII tabulis cautum esse cognos-*
*cimus, ne quis in urbe cœtus nocturnos agitaret.* » *Porcius Latro decla-*
*mat. in Catil.*, 19. Voir aussi dans Ortolan revu par M. Labbé (*Hist.*
*et général*, p. 119), le passage suivant : « *Lex XII tabularum jubet, cum*
*qui hostem concitaverit, quive civem hoste tradiderit, capite puniri.* »
Voir encore au *Dig.*, Marcien. L. 3, livre 48, titre 4. *Ad. leg. Jul.*
*Majes.*

dernier supplice fut remplacé par l'interdiction de l'eau et du feu.

Quant à la *perduellio*, elle comprenait le fait de livrer un citoyen à l'ennemi, de déserter au moment du combat ou encore de révéler les ressources de Rome aux étrangers. Ce crime devait lui aussi, à l'origine, être puni par la peine de mort ; mais aux premiers temps de la république, le patriotisme était trop vivace pour que de semblables lâchetés aient pu se commettre. Aussi n'est-ce guère que vers la fin du VIIe siècle, que nous trouvons des textes de loi punissant de tels faits. Sigonius nous a conservé le texte suivant d'une loi Cornelia rendue sous la dictature de Sylla, qui résume les différents faits ou du moins les cas les plus fréquents qui composent le *crimen majestatis*, et nous y voyons déjà poindre ce vague et cet arbitraire qui se développeront au plus haut point avec l'empire : « Que le Préteur, à qui la loi donne la mission d'instruire, fasse rechercher ceux qui auront fait de l'opposition à l'intercession des tribuns, ou auront rendu impossible à un magistrat quelconque l'exercice de ses fonctions ; qu'il fasse aussi rechercher celui qui aura conduit l'armée hors de la province, ou déclaré la guerre de lui-même ; qu'il fasse également poursuivre ceux qui auront de leur propre autorité pardonné aux chefs ennemis ou les auront relâchés moyennant rançon ; qu'il agisse de même

vis-à-vis de celui qui ne se sera pas fait respecter
dans son administration et aura laissé amoindrir sa
puissance ; de celui qui, citoyen romain, s'est fait le
courtisan d'un souverain étranger. En ces matières,
le témoignage des femmes sera accepté ; les délateurs
ne courront aucun risque. La peine sera celle de
l'interdiction de l'eau et du feu » (1).

Si dangereuses que soient ces dispositions qui,
dans leur énumération aussi vague qu'élastique,
permettent de faire rentrer une foule de faits de minime importance et de les punir d'une peine aussi
rigoureuse que l'interdiction de l'eau et du feu, si
exorbitante que soit au point de vue des idées romaines, cette importance donnée aux témoignages des
femmes ; et si monstrueuse que soit au point de vue
de nos idées modernes cette impunité assurée aux
délateurs, l'empire devait encore augmenter la sévérité de la peine (2).

Auguste alla jusqu'à édicter la mort, décidant que
les *humiliores* seraient livrés aux bêtes ou au bûcher,
et les *honestiores* décapités (3). Sous ses successeurs,

(1) Sigonius, *op. cit.*, livre II,39. Voir aussi dans Sigonius les lois Gabinia, Apuleia et Varia (la loi Gabinia remonte à la loi des XII Tables, les
deux autres au temps de Marius).

(2) Paul, *Sent.*, V, 29, § 1 : « *His autea in perpetuum aqua et igni in-
terdicebatur. Nunc vero humiliores bestiis objiciuntur vel vivi excurrun-
tur, honestiores vero capite puniuntur.* »

(3) Voir aussi sur cette matière Tacite. *Annales*, livre I, § 72, 73 et 74 ;
et livre VI, § 9 et 10. « ..... furent poursuivis en masse pour lèse-majesté
*Annius Pollio*, auquel on joignait son fils *Vinicianus, Appius Silannus,*

les accusés de lèse-majesté, et leur nombre fut innom-
brable, furent selon les circonstances, et aussi selon
le caprice de l'empereur tantôt mis à mort, tantôt
déporté (1). En terminant ce chapitre nous devons
toutefois reconnaître qu'à côté de princes qui firent
suspendre sur toutes les têtes cette terrible accusation de lèse-majesté contre laquelle les plus inno-
cents et les plus purs étaient désarmés et condamnés
d'avance, d'autres, au contraire, essayèrent de l'enrayer ; mais le témoignage même que leurs contemporains nous ont rendu de leurs efforts, n'est qu'une
plus terrible charge contre les abus qui furent faits
de ce *crimen majestatis* : « *Omnes accusatore do-
mestico liberasti, unoque salutis publicæ signo, illud,
ut sic diserim, servile bellum sustulisti ; inquo non
minus servis, quam dominis præstisti : nos enim secu-
ros, illos bonos fecisti.* » (2).

---

*Mamercus Scaurus et Sabinus Calvisius*, tous illustres par leur naissance quelques-uns par l'éclat des premières dignités. Les femmes mêmes n'étaient pas exemptes de danger. Ne pouvant leur imputer le dessein d'usurper l'empire, on accusait leurs larmes. La mère de *Fufices Geminus, Vitia,* d'un âge très avancé, fut tuée pour avoir pleuré la mort de son fils.

(1) Voir Tacite, *Annales*, livre III, § 38.
(2) Pline, *Panég.* 42.

## SECTION DEUXIÈME

### *Crimes de droit privé.*

La vieille législation romaine s'est montrée d'une sévérité exceptionnelle vis-à-vis des crimes de droit commun. Les textes de la loi des XII Tables qui nous sont parvenus, concernant les attentats contre les personnes et contre la propriété, punissent avec la dernière rigueur des infractions qui aujourd'hui semblent bien légères. C'est ainsi qu'à l'origine, celui qui avait de nuit coupé ou fait paître des récoltes produites à la charrue, était dévoué à Cérès et mis à mort s'il était *pubère* ; s'il était *impubère,* on se contentait de le battre de verges et de le condamner à réparer le dommage au double (1).

Gaïus (2) nous apprend que celui qui avait incendié un édifice, ou une meule de froment amassée près d'une habitation était, s'il l'avait fait sciemment et en état de raison, lié, flagellé et mis à mort par le bûcher. Au rapport d'Aulu-Gelle et de Cicéron, la loi des XII Tables édictait encore la mort contre les faux

(1) Pline. *Histoire naturelle*, 18, 3. Voir aussi Ortolan *op. cit.* page 115.
(2) Gaïus, loi 9 au *Dig.*, liv. 49, tit. 9. *De incend. ruin., nauf.*

témoins : « *An putas, si non illa etiam ex XII de testimoniis falsis pœna abolevisset, et si nunc quoque, ut antea qui falsum testimonium dixisse convictus esset, ex saxo tarpeio dejiceretur, mentituros fuisse pro testimonio tam multos quam videmus ?* (1).

Quant à l'homicide, nous croyons volontiers avec Pline le jeune et Festus qu'il était également puni par la mort (2).

Dans la suite, les mœurs s'adoucirent, on tempéra la rigueur primitive des lois, et à la fin de la république la mort n'était plus réservée que pour certains crimes exceptionnels ; les autres n'étaient en général punis que par l'interdiction de l'eau et du feu.

Nous trouvons au *Digeste* (3) tout un titre dans lequel sont énumérés presque tous les crimes entraînant la déportation. Citer ce titre en entier nous a semblé inutile, et nous nous bornerons à énumérer les principaux crimes de droit commun qui, à Rome, étaient châtiés par l'exil, en ne donnant sur eux que les détails essentiels. Ces crimes étaient : *l'homicide; la fabrication et la vente de poisons ; la castration ; la falsification des testaments ; l'usurpation de nom ; la délation ; la diffamation ; les crimes contre les*

(1) Aulu-Gelle, *noct.*, att. 20, 1. — Voir aussi Ortolan, *Op. cit.* p. 118.

(2) Pline le jeune, *Hist. naturelle*, 28, 3. *Festus* aux mots *Parricidii questores*.

(3) Ce titre est le titre 8 du livre 48. Voir surtout les lois 1 et 3 de Marcien au même titre.

*mœurs ; (inceste, rapt, excitation à la débauche).*

1. **De l'homicide.** — La loi Cornelia *de Sicariis et Veneficiis* punissait de la déportation l'homicide volontaire, de même que la tentative d'homicide. Chose remarquable, étant donnée une société aussi aristocratique et aussi peu égalitaire que l'était la société romaine, la peine était la même quelle que fut la qualité de la victime (1). Quant au complice, il était puni aussi sévèrement que l'auteur principal.

De même que de nos jours, certaines circonstances pouvaient soit excuser complètement le meurtrier, soit du moins atténuer sa peine.

C'est ainsi que Marcien nous apprend que le mari qui, surprenant sa femme en flagrant délit d'adultère, la tuait, était non pas complètement absous comme dans notre Code, mais puni d'une peine inférieure à celle qui frappait le meurtrier pur et simple. S'il était *honestior*, il était régué (nous verrons, quand nous étudierons les effets de la relégation, combien cette peine était moins rigoureuse que la déportation) ; s'il appartenait aux *humiliores*, il était déporté (2).

Celui qui tuait un voleur s'introduisant de nuit

(1) Loi 1, § 2, au *Dig.*, liv. 48, 8.

(2) Marcien, loi 3, § 5, au *Dig.*, 48, 8. Au premier abord, on ne voit guère ce que les *humiliores* gagnaient à cette disposition de la loi ; mais on le comprendra si on se rappelle que sous l'empire les peines contre le meurtre furent aggravées, et qu'à cette époque les *humiliores* furent punis par la mort.

chez lui était considéré comme en état de légitime défense et absous. La loi des XII Tables donnait déjà ce droit : « *Si non furtum factum sit, si occisit, jure cæsus esto.* » Tab. VIII, 12. Ulpien reproduisant ce texte avec une légère modification, nous dit : « *Furem nocturnum, si quis occiderit, ita demum impune fecerit, si parcere ei sine periculo suo non potuit* (1). »

Mathæus rapporte une constitution d'Adrien, d'après laquelle on déclare légitime le meurtre provoqué par un outrage à la pudeur accompli violemment soit sur la personne même du meurtrier, soit sur la personne d'un de ses parents, soit même, d'après certains romanistes, sur celle d'un *extraneus* (2).

On tenait encore compte des faits qui avaient amené le meurtre, des circonstances dans lesquelles il avait été commis, et c'est ainsi que nous voyons dans Marcien qu'en cas de lutte ou de rixe, l'homicide, commis involontairement, soit par manque de précaution, soit par un fâcheux excès de colère, était ou totalement absous ou puni par une peine moins rigoureuse que la déportation (3).

**2. De la fabrication et de la vente des poisons.**

---

(1) Ulpien, loi 9, au *Dig.*, 48, 8.
(2) Mathæus, *De Criminibus*, 48, titre V, chap. 2.
(3) Marcien, loi 1, § 3, au *Dig.*, 48, 8.

— Le fait de fabriquer des poisons ou d'en vendre, la confection de certains philtres propres à vous faire perdre la raison étaient assimilés au meurtre et punis par la déportation (1).

3. **De la Castration.** — La castration était également châtiée au moyen de l'exil. Toutefois, contrairement à ce que nous avons vu en matière d'homicide, on distinguait suivant la qualité de la victime, et quand celle-ci faisait partie de la population servile, la déportation n'était pas encourue (2).

Plus tard, ce crime augmentant considérablement, on ne fit plus de distinction suivant que cet attentat avait été commis sur un homme libre ou sur un esclave, et le coupable fut dans les deux cas déporté s'il était *honestior*, envoyé aux bêtes s'il était *humilior*.

Enfin, sous l'influence des idées chrétiennes, Constantin voulut supprimer absolument cet abus, et contre la castration il édicta la mort, quel que fût le rang des coupables : « *Si quis hanc post sanctionem in Orbe Romano eunuchos fecerit, capite puniatur.* » (3)

4. **De la Falsification des testaments.** — Une loi dont il a déjà été parlé à propos des faux monnayeurs la loi Cornelia *testamentaria* essaya de mettre un frein à la falsification des testaments qui, si on en croit les historiens et les poètes satiriques, était à la fin de la

(1) Marcien, loi 3, § 1, 48, 8.
(2) *Venuleius,* loi 6 au *Dig.*, liv. 48, 8.
(3) Loi 1 au Code, livre IV. Titre 42, *De Eunuchis.*

république et sous l'empire un des crimes les plus fréquents.

Cette loi édicta contre les faussaires la peine de la déportation ; il y a au *Digeste* (livre 48, titre 10) de nombreux textes apprenant les divers cas dans lesquels on appliquait la loi Cornelia *testamentaria* (1). En outre, Justinien en a fait mention dans ses *Institutes*, résumant les textes contenus dans le titre précité : « La loi Cornelia sur les faux, nous dit-il, nommée aussi testamentaire, punit celui qui aurait écrit, scellé, lu, représenté un testament ou tout autre acte faux, et celui qui aurait fait graver ou apposer un faux cachet sciemment et à mauvaise intention. La peine est contre les esclaves, le dernier supplice, de même que dans la loi sur les sicaires et les empoisonneurs ; et contre les hommes libres, la déportation » (2).

5. **De l'usurpation de nom.** — Paul, dans ses *Sentences*, enseigne qu'à Rome comme de nos jours, certains individus, peu flattés de leur nom et du peu d'illustration de leur race, empruntaient la famille et la généalogie d'autrui ; seulement la société si aristocratique de Rome se montrait sur ce point autrement sévère qu'on ne l'est aujourd'ui, et cette usurpation de titres était punie par la déportation : « *qui sibi*

_______

(1) Cette loi Cornelia *de Falsis* doit être à peu près contemporaine de la loi *de Sicariis*, elle serait de l'an 673 ou 674 de Rome.

(2) *Institutes*, liv. 4, tit. 18, § 7. Traduction d'Ortolan.

*falsum nomen imposuerit, genus parentes ve pinxerit,
quoquid alienum interciperit possideret, pœna legis
Cornelia de falsis cœrcetar* » (1).

6. **De la délation.** — Si grâce à l'appui de certains
empereurs la délation fut à diverses époques une
véritable profession et non une des moins lucratives,
en revanche quelques princes essayèrent de lutter
contre ce fléau et édictèrent des peines sévères au
sujet de cette véritable plaie de la Rome impériale.
Les peines variaient d'ailleurs suivant la gravité des
faits, suivant le résultat qu'ils avaient amené, et aussi
suivant la qualité des personnes.

Tantôt, et nous reviendrons sur ce point, la peine
prononcée était simplement la relégation, tantôt
c'était la déportation si le coupable était un homme
libre, et la mort si c'était un esclave. Dans les derniers temps de l'empire, des constitutions impériales
élevèrent encore la peine et édictèrent la mort aussi
bien contre l'homme libre que contre l'esclave. Seulement ces lois aussi sages que généreuses ne furent
appliquées que par un bien petit nombre de souve-
rains, comme par exemple Trajan; mais la majorité
des César excita plutôt qu'elle ne réprima la délation (2).

7. **De la diffamation.** — La diffamation donnait

(1) Paul, *Sentences*, V, 25, § 11.
(2) Voir au *Code* loi 7 et loi 8, § 9, livre 10, titre 11, *de Delatoribus*.

lieu en vertu de la loi Cornelia *De injuriis,* à une action civile en dommages-intérêts ; de plus des peines criminelles laissées à l'appréciation du Préteur, qui pouvait prononcer la déportation, frappaient ceux qui composaient ou publiaient des écrits dont le but était de porter atteinte à l'honneur d'autrui (1) ; et par une disposition bien remarquable, on ne se bornait pas à punir l'auteur, mais la peine qui frappait ce dernier, atteignait également ses vendeurs ou même ses simples distributeurs (2). La sévérité contre les libellistes ne fit qu'aller en s'accroissant, et au bas empire, on punit de mort ceux qui composaient des pamphlets contenant la dénonciation anonyme d'un crime imaginaire (3).

8. **Des crimes contre les mœurs.** — Dans les premiers temps de Rome, c'était la famille, gardienne des vieilles traditions, qui avait pour mission de réprimer les attentats contre les mœurs, et le bruit de tels crimes, pas plus que leur châtiment, ne franchissaient le mur de la vie privée (4). On ne

(1) Voir au *Dig.*, loi 5, §§ 10 et 11, livre 47, titre 10. *De injuriis et famosis.*

(2) Voir sur ces matières Walter, *op. cit.*, livre V, chap. II, page 14.

(3) Voir au Code Théodosien les *l.* 1, 7, 9, 10. Livre IX, titre 34. *De famos libell.* Voir aussi sur cette matière Tacite, *Annales*, 1, 72 : « Auguste le premier étendit cette loi (la loi de lèse-majesté) aux libelles scandaleux, indigné de l'audace de Cassius Severus, dont les écrits insolents avaient diffamé les hommes et les femmes d'un rang illustre. »

(4) Voir sur les délits contre les mœurs, Walter, *op. cit.*, livre V, chap. III, page 31.

sait si les progrès de la civilisation amenèrent, comme sans aucun renseignement on se plaît généralement à le dire, la décadence des mœurs, mais ce que nous tenons pour certain, c'est que l'augmentation de la population, l'amoindrissement progressif de l'autorité paternelle, rendirent nécessaire la répression par la loi des délits de cette nature. A la fin de la République et sous l'Empire, des peines très diverses, variant de l'amende à la peine capitale, furent édictées contre les mauvaises mœurs. Dans ce paragraphe, nous nous bornerons à dire quelques mots des trois crimes de ce genre entraînant la déportation, savoir : *l'inceste, le rapt, l'excitation à la débauche.*

A. *De l'inceste.* — En matière d'inceste, on distingue suivant qu'il a été commis par des parents en ligne directe ou par des parents en ligne collatérale. Si le forfait a eu lieu entre parents en ligne directe, les deux coupables sont déportés dans une île (1) ; s'il a eu lieu entre parents en ligne collatérale, l'homme seul est puni de la déportation ; quant à la femme, elle est simplement condamnée à la relégation, et même certaines circonstances de faits peuvent amener son absolution complète (2).

Les esclaves ne pouvaient bien entendu se rendre

(1) Ulpien, loi 38, § 2, au *Dig.*, livre 48, titre 5.
(2) Marcien, loi 5, au *Dig.*, livre 48, titre 18.

coupables de faits incestueux, puisque la vieille législation romaine les assimilait aux bêtes ; mais s'ils venaient à être affranchis, on décida dans un intérêt moral qu'en cas d'inceste, ils seraient poursuivis et qu'on leur appliquerait les règles ordinaires, suivant le degré de parenté qui les unissait durant leur servitude (1).

B. *Du Rapt.* — La loi Julia *de vi publica* punissait de mort l'auteur principal du rapt, quel que fût l'âge et l'état de la femme dont il avait abusé : « *Qui vocantem mulierem rapuit vel nuptam : ultimo supplicio punitur* » (2). Dans un fragment du Code, Justinien nous apprend que les parents qui ne s'étaient pas opposés, au moins d'une façon suffisante au rapt, étaient condamnés à la déportation (3).

Nous avons dit précédemment que le ravisseur était puni de mort : on distinguait cependant suivant qu'il avait usé ou non de violence. En ce dernier cas, il était puni simplement de la relégation ou de la déportation s'il était *honestior*, des mines s'il était *humilior* : « *Qui nondum viripoteutes virgines corrumpunt*

_______

(1) Voir Walter *op. cit.*, page 36. — (Les rapports criminels avec une vestale étaient considérés comme incestueux et les deux coupables étaient punis de mort. Voir sur ce point, Aulu-Gelle XX. 1, Cic. de Nat. De III. 30). Sur toute cette matière de rapt. il y eut d'ailleurs de très nombreux revirements, la loi Julia *de adulteriis* dont nous parlerons longuement à propos de la relégation, fut plusieurs fois remaniée notamment sous Dioclétien qui l'aggrava considérablement.

(2) Loi 5, § 2, au *Dig.*, livre 48, titre 6. *Ad. leg. Jul, de vi publica.*

(3) Loi 1, § 2, au *Code*, livre 9, titre 13.

*humiliores in metallum damnantur, honestiores in insulam relegantur ant in exilium mittantur.* »

Avec les empereurs chrétiens, les peines s'élevèrent dans des proportions insensées ; Constantin surtout fit preuve d'une cruauté ridicule. C'est ainsi que, tandis qu'avec un grand bon sens et une grande sagesse, les anciens législateurs permettaient au coupable d'obtenir de la jeune fille ou de la femme violée un pardon qui rachetait son crime. Constantin, lui, décida qu'il n'y aurait aucune transaction possible et dans tous les cas de viol il édicta la peine de mort (1). Et ce ne fut pas seulement contre le ravisseur que Constantin décréta le dernier supplice, il châtia de même la jeune fille qui n'avait pas résisté violemment ; si elle s'était défendue, mais trop mollement, elle était exclue de la succession de ses parents. Pour ces derniers, on leur imposa de tirer vengeance de l'offense faite à leur fille, et si par un motif quelconque ils évitaient de porter plainte ou tentaient de tenir le crime caché, ils étaient punis de la déportation (2).

C. — *De l'excitation à la débauche.* — Les empereurs Théodose et Valentinien condamnèrent à l'exil les parents ou les maîtres qui livraient à la débauche

(1) Code Théodosien, loi 1, livre IX, titre 12.
(2) Code Théodosien, loi 2, livre IX, titre 25.

dans un but de lucre soit leurs filles, soit leurs esclaves.

Justinien décida que dans le cas où on aurait usé de violence pour contraindre ses filles ou ses esclaves à s'adonner à la prostitution, la peine serait non plus la déportation, mais la mort (1).

(1) Code Théodosien, loi 2, livre XV, titre 8: *De lenonibus.*

# CHAPITRE IV



JURIDICTIONS COMPÉTENTES POUR
PRONONCER LA PEINE DE LA DÉPORTATION

Si nous n'avions pas admis que la peine de la déportation n'était autre chose que l'antique interdiction de l'eau et du feu, nous pourrions nous borner à parler seulement des juridictions qui existaient à la fin de la république et sous l'empire ; mais comme pour nous *deportatio aquæ et ignis interdictio* sont deux synonymes, force nous est de remonter à l'origine et de dire au moins par qui et comment la peine de l'interdiction de l'eau et du feu était prononcée.

Pour plus de clarté nous diviserons ce chapitre en trois sections correspondant aux trois pouvoirs qui ont successivement gouverné Rome : Les rois, la république, l'empire.

## SECTION PREMIÈRE

### *Des juridictions compétentes sous les rois*

Walter en tête de son chapitre V consacré aux juridictions romaines s'exprime ainsi : « Dans les premiers temps de Rome, le droit de punir les citoyens dans leurs corps, leur vie et leurs biens était un des attributs de la toute puissance attachée à la dignité royale. L'exercice de ce droit était réglé par la coutume, et les lois n'y apportaient que peu de restrictions. Le roi jugeait lui-même avec l'assistance d'un conseil, les crimes les plus graves ; il abandonnait les délits moins importants au jugement de quelques sénateurs. Les décisions du roi n'admettaient point la provocation. »

Si on adoptait les théories émises dans le passage précité, on devrait admettre aussi que la peine de l'*aquæ et ignis interdictio* n'existait pas à l'époque royale.

Rappelons en effet brièvement ce qu'était primitivement l'interdiction de l'eau et du feu. Nous avons dit qu'elle se présentait sous deux formes. Tantôt l'individu sur lequel pesait une accusation capitale, profitant de la liberté provisoire dont l'usage était de le laisser jouir, prenait volontairement la fuite ; et nous avons vu que jusqu'au dernier moment, même alors que la majorité des comices s'était prononcée pour la condamnation, il pouvait s'exiler (1).

L'accusé en fuite, l'assemblée du peuple, représentée par les comices, prononçait alors contre le contumace la peine de l'interdiction de l'eau et du feu. Si même il ne comparaissait pas par suite de circonstances indépendantes de sa volonté, les accusateurs faisaient néanmoins voter immédiatement le peuple comme si son absence eût été voulue, et on prononçait contre lui une véritable condamnation conditionnelle (2).

Ou bien le criminel comparaissait et alors les comices, s'ils le déclaraient coupable, lui interdisaient l'eau et le feu, c'est-à-dire les choses nécessaires à la vie. Ainsi privé des éléments essentiels de l'existence et mis au ban de la civilisation romaine, le condamné n'avait d'autre ressource que l'expatriation. Il gagnait donc les frontières, et du moment où il avait mis le pied sur le sol étranger, il perdait comme par son propre consentement le titre de citoyen romain que

(1) Voir Tite-Live, XXXVI, 3 et XLIII, 2.

(2) Voir Tite-Live passages précités : « *Tribuni plebem rogaverunt plebsque ita scivit : si M. Posthumius Kalendas Maias non prodesset, citatusque œdie non respondisset, neque excusatus esset, videri eum in exilio esse, bonaque ejus venire, ipsi et igni interdici.* » Voir aussi Cicéron *pro Cæcina,* chap. 34.

la loi était impuissante à lui enlever directement :
« *Nam cum ex nostro jure duarum civitatum nemo
esse possit, tunc amittitur hæc civitas denique, cum
is qui profugit receptus est in exilium, hoc est in aliam
civitatem* » (1).

Ces principes, rappelés on voit aisément que si les
rois étaient les seuls magistrats, que s'ils jugeaient
sans appel, la peine de l'interdiction de l'eau et du
feu, qui ne peut se comprendre sans l'existence de la
*provocatio*, ne devait pas exister à cette époque.

Bien que Walter appuie son opinion sur divers
passages de Tite-Live (2) et de Denys d'Halicarnasse (3) beaucoup de romanistes se refusent à adopter
cette manière de voir, se basant sur les raisons
suivantes : 1° Pour dire que les rois étaient les seuls
magistrats, jugeant sans appel, il faudrait avoir des
textes s'appliquant à une matière générale, et on
n'en a que visant des cas particuliers et spéciaux.

2° Il existe même certains fragments qui nous
montrent l'exil en vigueur à l'époque royale. C'est
ainsi que Tite-Live, dans d'autres passages que ceux
cités par Walter, rapporte que les fils d'Ancus
Martius accusés de conspiration contre Servius Tul-
lius, s'exilèrent volontairement (4).

(1) Cicéron *pro Cæcina*, chap. 34 ; — Cicéron *pro domo* 29 et 30. Voir
aussi plus haut la fin de notre chapitre premier.
(2) Tite-Live, 1, 49.
(3) Denys d'Halicarnasse, IV, 25, 11, 14, 29.
(4) Tite-Live, 1, 41.

Quoi qu'il en soit et sans vouloir nous prononcer d'une façon absolue sur cette controverse, nous admettons la possibilité que l'interdiction de l'eau et du feu ait été appliquée dans certains cas fort rares sous les rois et avec leur consentement.

SECTION DEUXIÈME

*Des juridictions compétentes sous la République.*

Les consuls, dit M. Laboulaye (1) : « héritèrent, avec les autres attributions de la royauté, de la suprême puissance judiciaire, et cette puissance fut absolue comme l'avait été celle des rois. »

Néanmoins ce pouvoir dictatorial des consuls ne dura que fort peu, et dès les premiers temps de la République une loi Valeria que M. Laboulaye appelle la charte du nouveau gouvernement, établit le droit d'appel aux comices-curies de tous les jugements criminels rendus par les consuls.

Plus tard la loi des XII Tables déféra les affaires capitales aux comices-centuries, et cette situation renouvelée par une loi Sempronia resta la même jus-

(1) Laboulaye, *op. cit.*, page 81.

que vers la fin du vII$^e$ siècle de Rome. C'est à partir de cette loi Valeria que nous voyons nettement apparaître la peine de l'interdiction de l'eau et du feu et que nous en dégageons les caractères essentiels (1).

Les Romains regardaient la loi Valeria comme un de leurs privilèges les plus précieux ; ils voyaient dans ce droit d'appel le palladium de leur liberté civile, ils y tenaient comme les Anglais peuvent tenir à leur bill d'*Habeas corpus*.

Ce droit d'appel, ce recours à la justice du peuple que Cicéron (2) nomme *vindex libertatis* et Tite-Live (3) *unium præsidium libertatis,* ne s'étendaient primitivement qu'à la distance d'un mille de Rome ; passé cette frontière sacrée le consul reprenait l'antique *imperium* dans toute sa puissance et avait le droit absolu de vie et de mort : « *Noster populus in pace et domi imperat, et ipsis magistratibus minatur,*

(1) Nous ne voulons pas revenir ici sur ce que nous avons dit précédemment au sujet de la liberté provisoire qui permettait à l'accusé de mettre à profit pour s'exiler les délais d'appel. Mommsen en constatant que dès la plus haute antiquité l'habitude était que l'accusé restât libre pendant tout le temps de l'instruction, fait néanmoins observer avec raison qu'aux termes du droit la détention préventive et l'exécution de la peine étaient licites ; que c'est ainsi qu'en 612 le préteur Lucius Hostilius Tubulus, accusé du crime capital, ne put recourir à l'exil volontaire ; il fut arrêté et exécuté. Voir sur ce point Mommsen, *Histoire romaine,* trad. Alexandre, Paris, 1866, tome V, page 57. Voir aussi Rein, *Droit criminel des Romains,* pages 405 et 602.

(2) Cicéron, *de Orat.*, II, 48.

(3) Tite-Live, III, 55.

*recusat, appellat, provocat, iu bello sit paret ut regi;*
*valet enim salus plus quam libido »* (1).

Ce droit d'appel établi, comme nous l'avons dit
précédemment, par la loi Valeria, fut vivemunt atta-
qué par tous ceux qui aspirèrent à la tyrannie. La
loi des XII Tables l'avait formellement consacré :
« *Itaque ab omni judicio pœnaque provocare licere*
*indicavit* **XII Tabulæ** *cùm pluribus legibus* (2) ; mais
les seconds décemvirs violèrent sans le moindre scru-
pule les prescriptions de la Valeria et finirent par
abuser tellement de leur pouvoir que; quand ils
eurent été renversés par la colère populaire, on
chercha à éviter le retour de semblables excès. Dans
ce but, on édicta de nouvelles lois qui prirent également le nom de lois Valeria; et d'après lesquelles
non seulement on rétablit le droit d'appel, mais on
décréta encore qu'on ne pourrait plus, sous aucun
prétexte, créer de magistrats ayant droit de juger
sans appel (3). Environ deux siècles plus tard, les
lois Porciennes (4) vinrent fortifier les Valeriæ en

(1) Cicéron, *de Rep.*, I, 40.
(2) Cicéron, *ibid.* 31.
(3) Voir sur ce point Tite-Live, livre III, 56.  On fait généralement
remonter les secondes lois Valeriæ à l'an 305 de Rome).
(4) Nous avons peu de renseignements sur les lois Porciennes, que l'on
place d'ordinaire vers l'an 556 de Rome. Certains romanistes prétendent
qu'elles eurent pour but non pas d'augmenter la responsabilité des magistrats qui ne respectaient pas le droit d'appel, mais d'étendre les bénéfices de la loi Valeria aux citoyens qui vivaient dans les provinces, et de
leur réserver, à eux aussi, le droit d'appel devant le peuple romain. —

punissant sévèrement le magistrat qui négligeait de se conformer aux prescriptions de la Valeria.

Avant d'en arriver aux grandes réformes du vii<sup>e</sup> siècle, il reste maintenant à parler de ces assemblées populaires devant lesquelles l'accusé d'un crime capital avait le droit de venir se défendre. Ces assemblées du peuple furent probablement à l'origine les comices par curies, un peu plus tard les comices par centuries (1), et même aux derniers jours de la République, alors que le jugement des affaires criminelles avait été transféré aux *quæstiones perpetuæ*, les comices par centuries gardèrent encore le droit de prononcer sur le crime de *Perduellio* (2).

Cependant il ne faudrait pas croire que jusqu'au vii<sup>e</sup> siècle ce furent les comices qui seuls eurent le droit de condamner à l'exil ; à côté du peuple, il y avait un autre grand pouvoir judiciaire dont il faut dire quelques mots, le Sénat.

On a parfois attribué au Sénat une juridiction indépendante de celle des consuls et des comices ; juridiction qui aurait embrassé les crimes com-

Notons encore que les privilèges des lois Valeriæ ne furent jamais étendus aux soldats qui, dans leur serment, s'engageaient à ne jamais s'en prévaloir. Voir sur ces divers points Laboulaye, *op. cit.*, page 94 ; Cicéron, *de Rep.*, II, 31 ; Tite-Live, livre X, 9.

(1) « Tunc leges præclasissinæ de XII Tabulis translata duæ, quarum altera privilegia tollit ; altera de capite civis rogari, nisi maximo comitiatu vetat. » Cicéron *de legibus*, 3. 9. D'après Cicéron ce *maximus comitialus* était formé par les centuries

(2) Voir sur ce point Cicéron, *pro domo*, 26, 32 ; et *pro sertio*, 30, 34.

mis à Rome aussi bien que ceux commis en Italie.

Cette opinion est aujourd'hui généralement aban-
donnée, pour ce qui concerne Rome tout au moins ;
à l'intérieur de la ville, nous croyons qu'en matière
pénale le rôle du Sénat se bornait à diriger les consuls
ou autres magistrats. Il se servait de ceux-ci soit
pour saisir par leur intermédiaire le peuple de quelque affaire capitale, soit pour se faire renvoyer le
jugement de l'affaire par les comices. En ce cas, ou il
jugeait lui-même en corps se transformant en une
véritable haute Cour de justice, ou bien ce qui était
plus fréquent, il déférait l'affaire que les comices
l'avaient chargé de juger, à une commission com-
posée exclusivement de sénateurs (1).

En ce qui concerne l'Italie et les provinces, les
pouvoirs judiciaires du Sénat y étaient assurément
plus étendus qu'à Rome ; et nous croyons volontiers
que dans ces pays, il avait une suprême juridiction
au moins pour réprimer tous les crimes qui tendaient
à compromettre la souveraineté romaine. En matière
purement pénale nous ne serions pas aussi affirmatif
et nous nous rangerions volontiers à l'avis de Walter
qui pense que, même en Italie, les affaires capitales

(1) Voir sur la juridiction du Sénat Laboulaye, *op. cit.*, pages 116 et
114. Voir aussi Niebuhr, tome III, page 383. Polybe VI, 16 et 17. Walter,
*op. cit.*, livre V, chap. V, § 830. Selon tous ces auteurs, une commission
de ce genre devait toujours être autorisée par le peuple quand il s'agissait
d'affaires capitales concernant les citoyens romains.

devaient être déférées aux autorités judiciaires de la Ville. Walter appuie sa théorie sur l'exemple d'Oppianicius et de Cluentius qui, accusés d'empoisonnement, furent, quoique citoyens de Larnium, mis en accusation et jugés à Rome (1).

Cette procédure criminelle des anciens Quiristes, dont nous venons d'exposer les grandes lignes, subit vers la fin du vii^e siècle de grandes modifications (2). Avec le développement de la population et par suite avec l'augmentation des crimes, le système de l'appel devant les comices était devenu des plus insuffisants, ses lenteurs sautaient aux yeux de tous ; aussi dès avant Sylla, l'habitude était-elle prise de faire désigner par les comices des citoyens qui, réunis en commission, étaient chargés de juger au nom de la nation, et par suite sans appel, certains crimes limitativement déterminés. Généralement les comices confiaient

(1 Voir sur le point Walter *op. cit.* livre V., chap. V., § 833 ; Voir aussi Valère Maxime VI, 17. Cicéron *pro quentio* 27.

(2) Nous nous permettons de donner ici un passage de l'ouvrage si remarquable de M. Esmein intitulé *Le Délit d'adultère* à Rome. On trouvera là merveilleusement exposé, plusieurs des inconvénients qui devaient faire retirer aux comices le jugement des affaires criminelles : « Pendant longtemps, on le sait, les crimes furent jugés par l'assemblée du peuple qui statuait directement ou par l'organe de commissaires élus. Les comices votaient sur la peine proposée par le magistrat accusateur, comme ils eussent voté sur un projet de loi, n'ayant pour guide que la coutume ou leur bon plaisir. Les lois des judicia publica, substituant aux comices les *questiones perpetuæ*, établirent d'une façon précise la définition de chacun des crimes dont devaient connaitre les jurés, ainsi que la peine que le préteur devait appliquer en cas de condamnation. » Esmein *Le Délit d'adultère* à Rome, page 1.

au Sénat le soin de désigner les citoyens qui devaient composer ses commissions ; souvent aussi c'était le Sénat qui, par l'intermédiaire des tribuns (1) demandait aux comices d'élire les commissaires. C'est ainsi que l'on avait agi en l'année 424 lors de l'affaire des empoisonnements et en 566 à propos des Bacchanales (2). Cette forme de jugement par commission, seule applicable dans des procès longs et compliqués, nécessitant un examen attentif et dont l'instruction eût été impossible devant une assemblée populaire, devint de plus en plus fréquente. A fur et à mesure qu'on en saisit mieux les avantages, on en vint naturellement à l'idée de nommer des commissions chargées non plus de juger tel délit particulier, mais tel délit pris en général. Bien que ces commissions ne fussent nommées primitivement que pour un an, on leur donna dès l'origine le nom de *quæstiones perpetuæ*.

La première *questio perpetua* fut établie par une loi Calpurnia *de repetundis* rendue en l'an 605 de Rome contre les magistrats concussionnaires sur la proposition du tribun L. Pison.

L'exemple fut promptement suivi, et en 612 et 622 on créa deux nouvelles *quæstiones perpetuæ*, la *quæstio inter sicarios* et la *quæstio de ambitu* (3).

(1) Voir sur ce point Cicéron, *De finibus*, II, 16.
(2) Tite-Live, livre IV, 50 et 51.
(3) Cicéron, *De finibus* II, 16. Voir aussi Mommsen, *op. cit.*, tome V, livre IV, chap. X.

Sylla, lors de ses grandes réformes judiciaires (673 de Rome) établit de nombreuses *quæstiones perpe-tuæ ;* nous citerons entre autres celles ayant pour objet le jugement des crimes de haute trahison, des faits portant atteinte à la dignité du nom romain, des adultères, des violences, des tromperies graves comme la falsification des monnaies ou des testaments.

La composition de ces commissions était déter-minée avec soin par les lois qui les instituaient. Suivant les époques, les citoyens qui les composaient furent pris exclusivement, soit parmi les sénateurs, soit parmi certaines classes désignées à cet effet. Le président de ces commissions, chargé de diriger les débats, était en général soit l'un des préteurs, soit un magistrat spécial auquel on donnait le nom de *Judex quæstionum* (1).

D'après les fragments de la loi Servilia qui sont parvenus jusqu'à nous, et suivant certains passages de Cicéron, voici la manière dont ces commissious fonctionnaient. Pour la *quæstio de repetundis,* quatre cent cinquante jurés étaient choisis tous les trois ans par le *pretor peregrinus* qui rendait leur nomination publique en faisant inscrire leurs noms en lettres noires sur la surface blanche de l'Album. (Au temps de Sylla, où tous les jurés devaient être pris parmi

(1) Tite-Live, XXXIX, § 38 ; *ibid.,* XL, § 37 ; *ibid.,* XLV, § 16. Voir aussi sur ce point Cicéron, *pro Cluent.,* 54.

les sénateurs, on peut admettre que cette inscription devait être inutile). Plus tard, le Préteur urbain fut chargé de composer la liste des jurés en les prenant parmi les trois ordres qui jouissaient alors de ce privilège.

Pour chaque *judicium,* le choix des jurés se faisait de la façon suivante. L'accusateur, du moins il en était ainsi d'après la loi Servilia *repetundarum,* désignait cent jurés pris parmi les quatre cent cinquante citoyens qui composaient la commission ; l'accusé avait le droit d'en choisir également cent. C'était sur ces deux nombres de cent jurés que chacune des parties indiquait les cinquante chargés de rendre la sentence. Les cinquante jurés définitivement choisis devaient, avant de prendre connaissance de l'affaire, prêter serment de remplir de leur mieux leurs fonctions (1).

Malgré la création de nombreuses questions, certains délits avaient été oubliés ; en ce cas, on devait en revenir à l'ancienne juridiction des comices. En outre, le peuple et le Sénat avaient gardé le droit d'établir une nouvelle *quæstio* à côté d'une commission déjà organisée, c'était là ce qu'on appelait *extra ordinem quærere.* Nous en avons un exemple dans le procès de Milon (2).

(1) Voir Walter, livre V, chap. V, *Des commissions permanentes.*
(2) Voir Cicéron, *pro Milone,* § 5 et 6. Voir aussi Walter, *op. cit,* livre V, chap. VI, § 834.

Quand le procès avait lieu devant les comices, il fallait que l'accusateur fût un magistrat, et un magistrat ayant le droit de convoquer et de saisir d'une proposition l'assemblée (1). Ce droit de convoquer les comices par centuries n'appartenait qu'aux consuls, aux préteurs et aux questeurs (2). Sous le régime des commissions permanentes, tout citoyen au contraire eut le droit de se porter accusateur. Si ce pouvoir, accordé à tout citoyen de traîner devant les tribunaux qui bon lui semblait, avait certains avantages, en revanche, il ne devait pas tarder à produire un grand nombre d'abus et à devenir un moyen de satisfaire ces haines particulières et même à engendrer de véritables chantages, s'il nous est permis d'employer cette moderne expression. On dut donc bientôt s'efforcer de restreindre le plus possible ce droit d'accusation. C'est ainsi qu'on le dénia aux femmes, aux impubères et aux indigents ; on édicta aussi des pénalités sévères contre ceux qui avaient été parties dans une accusation purement calomnieuse (3) ; et on refusa complètement aux affranchis le droit d'accuser leur patron (4). A côté de ces restrictions, nous trouvons aussi des avantages,

(1 et 2) Les tribuns ne pouvaient convoquer les comices par centuries : il leur fallait pour cela une autorisation du consul ou du Préteur.

(3) Voir sur ce point Cicéron *pro Roscio*.

(4) L'empire permit aux affranchis d'intenter contre leurs patrons une accusation de lèse-majesté.

de véritables privilèges concédés aux accusateurs.
Sous la république, on se bornait à accorder certaines faveurs simplement honorifiques à ceux qui
avaient intenté avec succès un procès en matière de
brigue ; sous l'empire on alla plus loin, et on ne craignit pas en matière de lèse-majesté, d'accorder à
celui qui avait soutenu l'action une portion considérable (la moitié) des biens du condamné.

Avec l'établissement des tribunaux permanents, il
ne faudrait pas croire que l'exil volontaire disparût.
Comme on ne continua à ne recourir que dans des
cas absolument exceptionnels à l'emprisonnement
préventif, il fut toujours facile d'échapper par l'expatriation aux risques d'une condamnation plus rigoureuse. C'est même seulement à partir de cette époque que l'on prononça directement la peine de l'*aquæ
et ignis interdictio*, en laissant de côté les vieilles fic-
tions dont on a précédemment parlé. (1)

(1) Nous terminerons notre paragraphe sur les *quæstiones perpetuæ* par
une citation de M. Esmein, où l'éminent professeur a exposé le plus grand
inconvénient de ces sortes de tribunaux, inconvénient tenant non aux
juges, mais à la loi : « Dans toutes ces lois (les lois des *judicia publica*)
les peines étaient fixes : elles ne comportaient ni maximum ni mini-
mum, n'admettaient ni aggravation ni atténuation. Lorsque le vote de la
majorité des jurés avait été *condemno*, le Préteur ou le *judex quæstionis*
n'avait qu'à appliquer exactement la peine indiquée par la loi ; il n'avait
pas à la mesurer au fait ; elle était immuable. Il n'y avait pas de milieu
entre l'absolution et la condamnation à la peine intégrale. Et ce système
alors comme chez nous à l'époque intermédiaire, dut amener plus d'une
absolution injuste. Ce n'était pas, du reste, une nouveauté pour le peuple
romain. Au temps où la poursuite avait lieu devant l'assemblée du peuple
les comices constitués en juges ne pouvaient que ratifier la peine propo-

## SECTION TROISIÈME

### *Des juridictions compétentes sous l'Empire.*

On a vu dans la section précédente que bien qu'on ait enlevé aux comices à peu près tout pouvoir judiciaire, il y avait encore cependant certains crimes, comme celui de *perduellio,* qui continuaient à être déférés à la justice populaire. Auguste supprima complètement ces derniers vestiges des anciens temps, et tout en maintenant la compétence des *quæstiones,* il la restreignit considérablement. Il commença par leur enlever la connaissance des accusations de lèse-majesté, de trahison et de concussion (1). Ce fut dès lors le Sénat qui fut chargé d'instruire et de juger ces sortes d'affaires.

Les successeurs d'Auguste continuèrent à restreindre la compétence des *quætiones,* et enfin un rescrit de Septime Sévère (2) (205 de notre ère) attribua au

sée par le magistrat, ou absoudre ; pas plus dans ce cas que dans tous les autres ils n'avaient, et cela se conçoit, le droit d'amendement. » Esmein, *op. cit.,* p. 58. Voir aussi sur ce point Cicéron *De invent.* II, 19 et 59.

(1) Voir sur ce point Suétone, Auguste, 66 et Tibère 33.

(2) Voir sur la permanence des *quæstiones* jusqu'à cette époque, Tacite, *Annales,* livre XIV, § 4 et livre VI, § 16. Les dernières affaires jugées par les *quæstiones* en matière criminelle seraient les délits d'usure.

préfet de la ville la répression de tous les délits commis à l'intérieur de Rome et dans un rayon de cent milles autour de la capitale. Au-delà de cette limite, cette répression appartenait au préfet du prétoire.

Dans ce rayon de cent milles, le préfet urbain avait le droit de condamner à la relégation et à la déportation ; mais l'empereur avait le pouvoir, en vertu de son droit d'évocation, de s'emparer de la cause et de la juger lui-même s'il ne préférait, comme c'était son usage le plus fréquent, la déférer au Sénat.

En ce qui concerne les provinces, leurs gouverneurs étaient investis de la puissance judiciaire et chargés de la répression des crimes et délits. Toutefois ils n'avaient pas la faculté de condamner à la déportation : « *Deportandi autem in insulam jus præsidibus provinciæ non est datum, licet præfecto urbi detur : hoc enim epistola D. Severi ad Fabium Cilonem præfectum urbi expressum est. Præsides itaque provinciæ quotiens aliquem in insulam deportandum putent, hoc ipsum adnotare debeant : nomen vero ejus scribendum principi, ut in insulam deportetur : sic deinde principi scibere, missa plena opinione, ut princeps æstimet, an sequenda sic ejus sententia, deportarique in insulam debeat ; medio autem tempore, dum scribitur, jubere eum debet in carcere esse.* » (Ulpien, loi 6, § 1, au *Dig.*, livre 48, titre 22). *De interdict. releg. et deport.*

# CHAPITRE V

## DES RECOURS, DES RÉDUCTIONS ET DES GRACES EN MATIÈRE DE DÉPORTATION.

Dans le cours de cette étude on a vu que la déportation était une peine perpétuelle ; il nous reste, en terminant, à examiner si, une fois condamné, le déporté devait perdre tout espoir de revoir jamais sa cité, ou si, au contraire, il pouvait attendre une réduction ou même une grâce complète.

Les rois, en vertu de leur toute puissance, devaient sans nul doute, avoir le droit d'amnistier ceux sur lesquels leur colère s'était appesantie, et en admettant qu'à cette époque l'interdiction de l'eau et du feu ait déjà été appliquée, on peut croire que le seul recours de l'exilé consistait en un appel à la clémence royale. Sous la république, le peuple qui, dans ses comices, avait le pouvoir de fermer aux citoyens le séjour de la patrie, avait également celui de mettre fin au châtiment et de rappeler dans la ville ceux qui en avaient été exclus par le *maximus comitatus*.

Bien plus, on vit celui qui, condamné à l'exil et qui n'eût pu rentrer dans la ville sans risquer sa vie, revenir en véritable triomphateur et être de suite nommé dictateur : « Une députation adressée à Camille le ramena dans cette ville (Veies) ; ....... (il est probable qu'il ne quitta point Ardée avant d'avoir la preuve que la loi était rendue, puisqu'il ne pouvait rentrer sur le territoire romain sans l'ordre du peuple.....) la loi fut portée par les curies et Camille nommé dictateur. » (1)

Ainsi sous la république, le même tribunal qui avait prononcé la condamnation, pouvait la rétracter. Toutefois, on n'a durant la période républicaine que fort peu de renseignements sur les conditions dans lesquelles cette réforme du jugement pouvait être demandée. Il est probable que pour l'obtenir il fallait être préalablement muni d'une autorisation du Sénat. Telle fut du moins la procédure suivie dans la révision du procès de Camille.

Sous l'empire, trois voies de recours étaient ouvertes au condamné : il pouvait solliciter du prince ou une réduction de sa peine, ou une grâce complète ;

(1) Tite-Live, livre V, chap. 46,  traduction Liez, tome III, page 287.

il pouvait aussi, et nous en citerons plus loin des exemples, être amnistié.

En matière de déportation, la peine était à cette époque souvent atténuée ; cette atténuation portait surtout sur les accessoires de la peine principale ; on permettait à l'exilé de disposer en faveur des siens d'une partie de ses biens, ou même, au lieu de lui confisquer toute sa fortune, on lui en laissait une certaine portion (1).

En outre, le condamné pouvait espérer soit sa grâce, soit ce que les Romains nommaient *restitutio*, et ce que de nos jours nous appelons amnistie.

La grâce *(indulgentia)* était accordée par l'empereur, tantôt pour un cas déterminé, tantôt pour toute une série de délits.

En cas *d'indulgentia*, le déporté rentrait dans tous ses droits de citoyen, mais il ne recouvrait pas les biens qu'on lui avait confisqués et qui restaient acquis au fisc (2). Quant à la puissance paternelle que le père de famille déporté avait perdue par suite de sa condamnation, la grâce ne la lui rendait pas ; de même le fils de famille déporté ne rentrait pas, s'il était

(1) Tacite nous donne un exemple de cette diminution de peine : « Cn. Lentulus ajouta que Silanus étant né d'une mère sans reproche, il était juste d'excepter de la confiscation ses biens maternels et de les rendre à son fils, ce qui fut approuvé de Tibère. » Tacite, *Annales*, livre III, § 48.

(2) Voir sur ce point les lois 5 et 9 au *Code*, livre IX, titre 51. *De sent. pas. et rest.*

gracié, sous la puissance de son père : « *In insulam deportato filio, hacque ratione vinculo paternæ potestatis exempto : si postea ex indulgentia D. Alexandri (ut proponis) reditus in patrium solum, præcedensque dignitas restituta sit, potestas tamen patria repetita non videtur* » (1).

La restitution, comme l'amnistie de nos jours, avait au contraire pour effet d'effacer complètement et le crime et la peine ; elle remettait le condamné absolument en l'état dans lequel il se trouvait auparavant : « *Cum salutatus esset a Gentiano et Advento et Opilio Macrino, præfectis prætorio, clarissimis viris : item amicis et principalibus officiorum et utriusque ordinis viris processisset, oblatus est ei Julius Licinianus, ab Opilio Ulpiano tunc legato in insulam deportatus ; tunc Antoninus Augustus dixit : « restituo te in integrum provinciæ tuæ, et adjecit : Ut autem scias quid sit in integrum restituere: honoribus et ordini tuo et omnibus ceteris te restituo* » (2).

Outre ces cas d'amnistie partielle, nous trouvons au bas empire de véritables grâces générales données à l'occasion de grandes circonstances comme l'avènement d'un prince ou un jubilé : « *Omnes omnium criminum reos, vel deportatione depulsos, vel relegatione*

(1) Loi 6 au *Code*, livre IX, titre 51. *De sent. pass. et rest.*
(2) Loi 1 au *Code*, liv. 9, tit. 51 ; voir aussi au *Dig.*, la loi 1 princip. liv. 48, tit. 23. *De sent. pass. et rest* : « *Ad successionem liberti patronus deportatus et restitutus admittitur* ».

*aut metallis deputatos, quos insulæ aut loca desolata susceper unt, hac nostra indulgentia liberamus »* (1).

Enfin ceux qui prétendaient avoir été condamnés injustement pouvaient toujours demander la révision de leur sentence ; mais ce droit appartenait exclusivement à l'empereur, comme le droit de grâce et de restitution. Tel est du moins le principe posé dans deux rescrits de Marc-Aurèle : « Si quelqu'un a été condamné à tort, soit qu'il ait de lui-même induit le juge en erreur, soit qu'il n'ait pu produire les pièces justificatives qu'il a ensuite retrouvées ; on doit restreindre sa peine, ou même la lui remettre complètement. Mais il n'y a que le prince qui en ait le droit ». (Callistrate, loi 27, princip. au *Dig.*, liv. 48, titre 19, *de Pœnis.*)

(1) *Code Théod.* loi X, liv. 9, tit. 38. *De indulgentiis criminum* ; Voir aussi sur les voies de recours le commentaire du Code théodosien par Jacob Gottofred, Lyon, 1665, page 281.

# DEUXIÈME PARTIE

# DE LA RELÉGATION

—

## CHAPITRE PREMIER

ORIGINE, NATURE ET EFFETS DE LA RELÉGATION

Cicéron, énumérant les peines criminelles qui existaient à Rome à son époque, cite : « l'amende, la prison, le bâton, la peine du talion, la perte de l'honneur, l'exil, l'esclavage et la mort » (1).

Il est probable que par le mot exil, Cicéron a voulu indiquer tout à la fois la déportation et la relégation. (On pourrait, il est vrai, soutenir aussi qu'à l'époque de Cicéron, la relégation était si rarement appliquée que le grand orateur et légiste latin a pu l'omettre

_____

(1) Cicéron cité par saint Augustin. *De civit Dei*, XXI, 11. Voir aussi sur les deux sens du mot *exilium*, Walter, *op. cit.*, page 48.

et ne désigner par le terme *exilium* que la seule peine
de la déportation.)

Quoi qu'il en soit, nous trouvons dans les textes ces
deux peines de la déportation et de la relégation sous
un vocable identique ; mais de ce que les Romains
se servaient de la même expression pour les désigner
toutes deux, il ne faudrait pas croire qu'il y ait entre
.elles grande ressemblance. Nous allons nous efforcer
dans le cours de cette étude de bien faire ressortir
les dissemblances qui existent entre ces deux peines,
et l'on verra que le seul point commun par lequel
elles se rencontrent, c'est : la nécessité pour le condamné de quitter Rome ; d'où le terme *exilium* pour
les désigner l'une et l'autre. (Toutefois le mot *exilium*
désigne plus généralement la déportation).

Cette différence qui existe entre la déportation et
la relégation se rencontre même à l'origine de ces
deux peines. Tandis que la première remonte aux
origines de Rome, la seconde a une origine beaucoup
plus récente et ne date guère que d'Auguste.

Sous la république nous la trouvons appliquée,
mais dans des cas exceptionnels ; c'est ainsi que nous
savons par Tite-Live que Marcus Fulvius, tribun militaire, ayant laissé ses soldats se disperser, fut pour
ce fait relégué en vertu d'un sénatus-consulte, au-delà
de la nouvelle Carthage (1).

(1) Tite-Live, livre XL, § 41.

Cet exemple de relégation est un des seuls que
nous rencontrions durant la période républicaine.
Sous les empereurs, au contraire, la relégation devint
une des peines les plus fréquemment appliquées (1)
destinée à punir les crimes et les délits les plus
divers.


SECTION PREMIÈRE.


*Nature de la relégation*


Cette peine de la relégation ne fut pas uniforme,
et elle se présente à nous sous plusieurs aspects.
Ulpien dit : « *Relegatorum duo genera sunt : quidam,
qui in insulam relegantur : sunt, qui simpliciter, ut
provinciis eis interdicatur, non etiam insula adsi-
gnetur* » (2).

Marcien, avec raison, ajoute à cette division d'Ulpien un troisième cas, celui où plusieurs endroits
sont interdits au relégué (3) : « *exilium triplex est :
aut certorum locorum interdictio, aut lata fuga, ut*

______

(1) Voir sur ce point Suétone, Octave 65. Voir aussi Willems *le droit
public romain*, Paris 1883, page 403 ; « La relégation fut exceptionnellement appliquée dans la république par le Sénat et par les magistrats
a l'égard des pérégrins et des citoyens, et devint sous l'empire une forme
adoucie du banissement prononcé pour des peines moins graves ».

(2) Ulpien, loi 7, princp. au *Dig.*, livre 48, titre 22.

(3) Marcien, loi 5, au *Dig*, livre 48, 22,

*omnium locorum interdicatur præter certum locum aut in insulæ vinculum, id est relegatio in insulam.* »

Avant d'étudier ces trois sortes de relégation, disons de suite ce qu'elles ont de commun.

1° La relégation, sous quelque forme qu'elle se présente, n'est pas une peine capitale, et Paul la range même parmi les *minimæ* (1).

2° La relégation n'entraîne pas de *capitis deminutio* le relégué reste citoyen romain.

Ceci posé nous allons rapidement passer en revue les trois sortes de relégation dont parle Marcien.

A. — Une première sorte, la plus douce, consistait simplement en l'interdiction de résider dans un lieu déterminé. Cette première variété de relégation pouvait elle-même se subdiviser en deux autres catégories : tantôt ce n'était qu'une seule ville dont le séjour était interdit au condamné ; tantôt c'était non plus une ville, mais une ou plusieurs provinces qui lui étaient fermées. Dans ce dernier cas il était absolument défendu au relégué d'entrer dans Rome (2); si au contraire c'était une seule localité dont il était exilé, il pouvait, à l'origine du moins, venir se fixer dans la capitale.

Cette théorie s'appuie sur une constitution de Claude rapportée par Callistrate. (3) D'après cette

(1) Paul, *Sentences*, V. 17, § 3.
(2) Ulpien, loi 7, § 15 et 16 au *Dig.*, 48, 22.
(3) Callistrate, loi 19 *ibid.* Voir aussi Suétone Claude § 32.

constitution le séjour de la ville est interdit à ceux qui ont été exilés d'une province ; comme on ne parle pas dans cet édit de ceux qui sont bannis d'une simple bourgade, nous en concluons qu'à ceux là Rome devait être ouverte. Seulement plus tard, avec l'augmentation considérable de la population romaine, dans un but de police locale, il est très probable que l'entrée de Rome fut interdite à tous ceux qui étaient sous le coup d'une sentence de relégation.

B. — Un deuxième mode de relégation plus dur que le précédent consistait à fermer toute ville et toute province au relégué, et à lui permettre seulement le séjour des lieux déterminés par la sentence ou par l'arrêté qui l'avait expulsé. Cette aggravation de la relégation remonte probablement au règne de Claude ; il paraît même, d'après certains textes du *Digeste*, qu'on pouvait, en interdisant au relégué le séjour de tout l'empire sauf celui de son domicile, le mettre en quelque sorte aux arrêts dans sa propre maison : « *Potest præses quemdam damnare, ne domo suo procedat* » dit Ulpien, et Marcien ajoute : *non etiam ne utatur necessariis impensis* » (1).

C. — Enfin on pouvait, et c'était là la relégation sous sa forme la plus rigoureuse, être relégué dans une île, ou même, si l'on était de la province d'Égypte, dans une oasis : « *Est quoddam genus quasi in insu-*

(1) Loi 9 et 10 au *Dig*, 48, 22.

*lam relegationis in provincia Egypto , in ouasin re-
legare »* (1).


## SECTION DEUXIÈME

### *Effets de la Relégation*


La relégation, ainsi que nous l'avons déjà dit, était
loin de produire les effets de la déportation. Tandis
que cette dernière peine était perpétuelle : « *Deportatio autem ad tempus non est* », nous dit Pomponius
(2) la relégation, au contraire, pouvait n'être prononcée que pour un temps, et nous trouvons même au
code une constitution d'Honorius et d'Arcadius
recommandant d'imputer sur la durée de l'exil les
jours ou les mois que le condamné avait passés en
prison. (3)

En outre, à l'inverse du déporté, le relégué ne subissait aucune diminution de tête , et Ovide exilé en
Thrace par édit de l'empereur pouvait dire :

*Nec vitam, nec opes, jus nec mihi civis adomit,*
*Nil nisi patriis jussit abesse focis*....... (4)

(1) Loi 7, § 5 *ibid*. Nous reviendrons sur ces trois sortes de relégation à
propos des juridictions compétentes.
(2) Pomponius loi 18 § 1 au *Dig.*, 48, 22.
(3) Loi 23 au *Code de Pœnis*.
(4) Trist. 5, Eleg. 2.

Et non seulement le relégué ne perdait aucun de ses droits de citoyen, mais, si nous en croyons un texte de Pomponius, sa famille ou ses amis pouvaient l'honorer par des images ou des statues (1). Il en était du moins ainsi quand la relégation était une mesure purement politique. Lorsque, comme dans le cas célèbre d'Ovide, c'était le prince qui, craignant votre popularité ou vos succès d'un autre genre, vous exilait en vertu de son bon plaisir, il était tout naturel que cette mesure purement arbitraire, ne s'appuyant que sur la fantaisie du prince ou du gouverneur de la province, ne pût déshonorer le condamné et lui faire perdre ses droits civils.

Mais si la relégation était la punition de délits, si elle était prononcée en vertu de la la loi dans un *judicium publicum*, alors le condamné subissait certaines déchéances. Il encourait l'infamie et par suite son *existimatio* était atteinte. Il faut bien remarquer que l'infamie (2) était l'accessoire, non pas de la relégation, mais du délit spécial qui a entraîné la peine de l'exil. C'est ainsi que celui qui était relégué en vertu de la loi Julia *De Adulteriis*, de la loi Julia

(1) Pomponius loi 17 au *Dig*. 48, 22.

(2) Nous trouvons au *Digeste* la définition suivante de l'*existimatio* : « *Existimatio est dignitatis inlæsæ status, legibus ac moribus comprobatus, qui ex delicto nostro auctoritate legum aut minuitur aut consumitur.* » Loi 5, § 1, au *Dig.*, livre L, titre 13. *De estraordinariis cognitionibus et si judex litem suam fecisse diceretur.*

*De vi privata,* de la loi Pompeia *De Parricidiis,* était en outre noté d'infamie.

Le fait d'être *infames* entraînait un certain nombre d'incapacités. On était exclu des dignités et des honneurs (1) ; la puissance paternelle était restreinte (2) ; on ne pouvait plus être nommé tuteur (3) ; on était incapable de tester (4) ; et il vous était interdit de déposer en justice (5).

Voici ce qu'il en était quant à la personne ; il reste à dire un mot des peines pécuniaires qui pouvaient accompagner la relégation. Le principe était que le relégué n'était nullement atteint dans sa fortune ; il gardait la libre jouissance et la libre disposition de tous ses biens. Cependant, il faut distinguer suivant qu'il a été condamné à temps ou à perpétuité.

S'il n'a été condamné qu'à temps, il ne peut pas être frappé dans ses biens : « *Ad tempus relegatis, neque totá bona, neque partem adimi debere rescriptis quibusdam manifestatur, reprehensæque sunt sententiæ eorum, qui ad tempus relegatis ademerunt partem bonorum, vel bona: sic tamen ut non infirmarentur sententiæ, quæ ita sunt prolatæ* » (6).

Si au contraire la condamnation était perpétuelle, en ce cas le condamné n'était pas, comme en matière

---

(1, 2, 3, 4, 5) Loi 1 et 2 au *Code,* livre XII, 1, *De Dignitatibus ;* — Loi 3, § 4, au *Dig.,* livre XLIII, titre 30 ; — Loi 17, § 13, au *Dig.,* 47, 12, *De injuriis ;* — Loi 17, § 2, au *Dig.,* 26, 2, *De testamentaria tutela.*

(6) Ulpien, loi 7, § 3, au *Dig.,* 48, 22,

de déportation, privé de plein droit de tout son patrimoine, et il fallait dans le jugement une disposition spéciale pour permettre au fisc de s'emparer non de la totalité, mais d'une partie des biens du relégué : « *Nam eorum, qui in perpetuum exilium dati sunt vel relegati, potest quis sententia partem bonorum adimere* » (1).

Et même dans les cas où la sentence pouvait ordonner la publication des biens du relégué, elle ne pouvait le priver de ses droits de patronage. L'empereur seul avait ce pouvoir : « *Bona relegati non publicantur, nisi ex sententia specialiter ; sed jura libertorum, nec speciali sententia adimi possunt ; quia solus princeps relegato ea adimere potest* » (2).

Un autre effet assez bizarre de la relégation et qui ne peut guère s'expliquer autrement que par un mobile tout politique, était l'interdiction d'ensevelir le relégué autre part que dans le lieu de son exil. On refusait à la famille la satisfaction de ramener près d'elle le corps du défunt. Toutefois l'usage était que l'empereur fît souvent grâce de cette dernière disposition : « *Si quis in insulam deportatus vel relegatus fuerit, pæna etiam post mortem manet : nec licet eum inde transferre aliubi, et sepelire inconsulto principe : ut sæpissime Severus et Antoninus recripserunt*

(1) Marcien, loi 4, *in fine* au *Dig.*, 48, 22.
(2) Marcien, loi 8, §3, au *Dig.*, 48, 20 *De Plon Damn.*

*et multispetentibus hoc ipsum indulserunt* » ( 1 ).

Enfin dans un but également politique la relégation venait parfois frapper des tiers. C'est ainsi que quand le séjour de Rome était interdit à quelque grand seigneur ou à quelque riche propriétaire, ses affranchis devaient également quitter cette ville (2).

(1) Marcien, loi 2 au *Dig.*, 48, 24, *De cadaveribus punitorum.*

(2) Paul, loi 13 au *Dig.*, 48, 22 : « *Manumissusa relegato non potest Romam accedere, quod nec patrono ejus licet* ».

(A propos de la publication des biens du condamné, voir encore Pomponius, loi 1 au *Dig.*, 48, 22.)

# CHAPITRE II

## CAS OU LA RELÉGATION EST ENCOURUE

Les faits, les circonstances qui entraînent la relégation pouvaient à Rome être rangés en deux grandes catégories. Tantôt la relégation avait pour motifs des considérations purement politiques ; tantôt elle était prononcée régulièrement en vertu de lois qui l'édictaient contre certains délits.

Quand la relégation était prononcée pour des raisons politiques, elle l'était, comme nous le verrons plus loin, édictée par le prince ou par les gouverneurs de provinces. En cette matière, l'arbitraire le plus absolu et le plus complet régnait ; en vertu de son *imperium merum*, tout gouverneur de province avait le droit, par n'importe quel motif, de vous bannir de votre ville et de vous chasser de votre pays (1).

(1) Nous étudierons, avec les juridictions compétentes pour prononcer la peine de la relégation, les restrictions apportées au pouvoir des gouverneurs.

Souvent au contraire, la relégation était, comme
nous l'avons dit plus haut, le châtiment de certains
délits ; ce sont ces divers délits qui vont faire l'objet
de ce présent chapitre. Pour plus de clarté nous le
diviserons en trois sections. Dans la première nous
étudierons l'adultère ; dans la seconde le vol sous
ses nombreuses formes, et dans la troisième les autres
délits pouvant également entraîner la relégation.


SECTION PREMIÈRE

*De l'adultère.*


Jusqu'au règne d'Auguste, l'adultère à Rome ne
fut pas puni par les lois, non pas qu'on n'attachât
que peu d'importance à ce genre de délit, mais parce
qu'on pensait que les crimes de cette sorte devaient
être punis par la famille seule. D'ailleurs vis-à-vis de
la femme coupable, les vieux Romains se montraient
d'une sévérité implacable dont M. Esmein a merveilleusement montré la raison : « Le vieil État romain,
dit-il, reposait sur l'organisation de la famille ; et la
famille elle-même était bâtie sur une idée fondamentale, la religion du foyer, le culte des ancêtres. Du

père aux enfants passe avec les biens ce culte sacré ;
le fils et la fille sont les héritiers nécessaires du foyer
qu'ils n'ont pas quitté, et vraisemblablement à l'origine, la volonté de l'homme était impuissante à changer cette dévolution. Dans un tel milieu l'adultère de
la femme était le plus grand crime qui se pût imagi-
ner. Il introduit dans la famille un sang étranger : au
lieu du prêtre désigné par le vieux droit divin, c'est
un profane qui offrira aux mânes des aïeux le sacri-
fice désormais inefficace » (1).

Pour punir un tel crime, il fallait quelque chose de
plus rapide que la justice des tribunaux; il ne fallait
pas non plus qu'on pût venir en plein forum publier
le déshonneur de l'époux. Ce fut donc à la famille
sur laquelle rejaillissait la honte infligée à l'un des
siens, qu'on confiait le soin de venger et de punir.
En cas de flagrant délit, le mari avait le droit absolu
de tuer sa femme ; s'il n'avait pu la surprendre en
flagrant délit, il devait la faire juger par ses proches.
A sa requête un véritable tribunal de famille se
réunissait, et la plus part du temps condamnait à
mort l'épouse coupable (2).

Voici du moins quel était le droit des premiers
temps de Rome ; mais avec les progrès de la civili-

(1) Esmein, *op. cit.*, page 3.
(2) Notons que l'adultère du mari n'avait pour les anciens aucune
gravité, et qu'il refusait à la femme même le droit de se plaindre : « *Illa
te, si adulteras, digito non auderet contingere, nec jus est.* » Aulu-Gelle,
not. *Att..*, X, 23, 5.

sation, avec l'adoucissement des mœurs, on se montra moins impitoyable vis-à-vis de l'épouse adultère. Le tribunal de famille se borna à la condamner à être reléguée à deux cents milles de Rome (1).

A la fin de la République, la dépravation s'était tellement accrue que, si nous en croyons les écrivains de l'époque, le mari presque toujours fermait les yeux sur les débordements de sa femme, soit par insouciance, soit même parce qu'il y trouvait certains avantages (2).

Voulant réagir contre cette corruption fâcheuse et punir l'adultère sans cependant en revenir aux sauvages pratiques du passé, Auguste, en l'an 736 ou 737, rendit la loi Julia de *Adulteriis cœrcendis*.

Notre intention n'est pas de nous arrêter sur les nombreuses dispositions de la loi Julia *de Adulteriis*; la question a été traitée de la manière la plus complète par M. Esmein, et tout ce que nous en dirions ne serait qu'un pâle reflet de son si remarquable ouvrage ; nous ne nous arrêterons donc que sur ce qui, dans la loi Julia *de Adulteriis*, se rattache à notre matière, c'est-à-dire à la relégation (3).

(1) Tacite, *Annales*, II, 50.

(2) **M. Esmein,** *op. cit.*, page 11, fait observer qu'aujourd'hui encore en Angleterre, l'adultère n'est pas puni par la loi pénale, et ne donne lieu qu'à une action pécuniaire en dommages-intérêts comme *civil injury*.

(3) **D'après la loi Julia,** même en cas de flagrant délit le mari n'avait plus le droit de tuer sa femme et s'il cédait à un mouvement de légitime colère, il tombait sous le coup de la loi Cornelia *de Sicariis*.

D'après Paul, les peines édictées par la loi Julia contre la femme adultère seraient : la privation de la moitié de sa dot et du tiers de ses autres biens, et la relégation dans une île (1).

Outre ce témoignage de Paul, nous avons celui de nombreux écrivains de l'époque, et étant donné que nous pouvons nous appuyer sur Tacite, sur Suétone, sur Dion Cassius et autres, nous n'hésitons pas à nous ranger à l'avis de Pothier et de M. Esmein, et à dire avec eux que la relégation fut la peine édictée par Auguste contre l'adultère (2).

Quant au complice, le mari ne pouvait non plus le tuer s'il appartenait à la classe des *honestiores*, mais il en avait le droit si c'était un *leno* (acteur) un de ses affranchis, un individu noté d'infamie ou bien entendu un esclave.

La loi Julia *de Adulteriis* supprimait le tribunal de famille et créait une *questio perpetua* chargée de juger tous les délits d'adultère. Cette loi avait surtout pour but de réprimer l'adultère de la femme ; quant au mari elle ne punissait point sa violation de la foi conjugale. La femme, d'ailleurs, avec le système des *judicia publica*, ne pouvait accuser son époux, car se porter accusateur était remplir une fonction publique, et les femmes étaient exclues de toutes fonctions publiques : « *Non est permissum mulieri, publico judicio quem quam reum facere.* — Pomponius, loi 1 au *Dig.*, 48, 2 *De accusat* ».

Mais la loi Julia ne punissait pas que la femme; elle punissait également le complice. Enfin elle punissait encore le mari qui, ayant surpris sa femme en flagrant délit ne l'avait pas répudiée et avait omis de poursuivre le complice. De ce fait, la loi faisait un délit spécial, le *lenocinium:* « *Mariti lenocinium lex coercuit, qui deprehensam uxorem in adulterio retinuit, adulterumque dimisit.* — Ulpien, loi 29, princip au *Dig.* liv. 48, tit. V, *Ad leg.* Jul. *de Adult.* » Voir aussi au même titre la loi 2, § 2 et 3 et la loi 29, § 4.

(1) *Adulterii convictas mulieres dimidia parte dotis et tertia parte bonorum ac relegatione, in insulam placuit cœrceri, adulteris vero viris pari in insulam relegatione, dimidiam bonorum partem auferri, dum modo in diversas insulas relegentur.* » Paul, *Sent.*, liv. III, 26, 14.

(2) Tacite. Voir la traduction de M. Burnouf. *Annales*, livre IV, § 42,

Malgré les autorités que nous venons d'invoquer en faveur de cette théorie, nous devons reconnaître que la question est des plus controversées, et que beaucoup se refusent à admettre que la relégation était le châtiment de l'adultère.

Il y a en effet un texte de Justinien qui semble contredire formellement notre opinion; ce texte est ainsi conçu : « *Item lex Julia de adulteriis coercendis, quæ non solum temeratores alienarum nuptiarum gladio punit, sed.....* » (1).

En outre, ce passage de Justinien est corroboré par une constitution d'Alexandre Sévère et par un rescrit de Dioclétien (2).

A ceux qui invoquent le passage de Justinien que nous venons de relater pour soutenir que l'adultère était puni non par la relégation, mais par la mort ; nous répondrons avec Pothier que Justinien a rapporté là non pas le droit d'Auguste, mais le droit de Constantin qui, sous l'influence ecclésiastique aggrava considérablement la pénalité en matière d'adultère. Ce n'est pas d'ailleurs la seule erreur de ce genre que l'on rencontre dans Justinien, et il a bien pu, sur ce

note 1, (édition Hachette, tome 2, page 429). Voir aussi Pothier, Pandect Justin, 48, V. Suétone Auguste, § 64 et Dion Cassius Livre LV § 10. Esmein, *op. cit.* p. 31.

(1) *Inst.*, livre IV, titre 18, § 4. Voir aussi sur ce point, Interprétation des *Institutes de Justinien* par Etienne Pasquier, ouvrage publié par le duc d'Audiffret-Pasquier, Paris 1847, pages 774 et suiv.

(2) Loi 9 au *Code*, livre 9, titre 9, et loi 18 au *Code*, livre 2, titre 4.

qui nous occupe, se tromper comme il s'est trompé quand il nous dit que la peine portée contre les homicides par la loi Cornelia *de Sicariis*, était la mort alors que nous savons sans conteste qu'ils étaient punis non par la mort, mais par l'*aquæ et ignis interdictio* (4).

Quant à la constitution d'Alexandre Sévère où il est question d'une femme coupable d'adultère qui a échappé à la peine capitale et qui s'est remariée ; et au rescrit de Dioclétien ou l'adultère est rangé parmi les crimes capitaux, nous pensons avec M. Esmein qu'ils ont été interposés, et par suite qu'ils ne prouvent rien contre notre théorie ; (Ortolan, *op. cit.*, § 2356 est aussi de cet avis).

On a essayé de concilier les textes en disant qu'évidemment la peine de la loi Julia *De Adulteriis* n'était pas la mort, mais que c'était néanmoins une peine capitale ; et cette peine serait la déportation. Nous n'admettons pas plus cette théorie que la précédente. Les effets de la relégation, on l'a déjà vu, sont complètement différents de ceux de la déportation, et si on se rangeait à cette opinion, comment pourrait-on expliquer les textes qui disent que celui qui a été condamné pour adultère peut faire un testament alors que nous savons que le déporté a totale-

(4) Voir au *Dig.*, loi 3, § 5, livre 48, titre 8.

ment perdu la *testamenti factio* (1). Comment expliquer l'erreur où seraient tombés les écrivains dont nous parlions plus haut et qui, presque contemporains d'Auguste, devaient certainement mieux connaître la législation de leur époque que Justinien. Nous le répétons encore une fois, sous Auguste, l'adultère n'était puni que par la relégation (2) et si par hasard on appliquait à l'adultère une autre peine, cette peine était, non pas plus sévère, mais plus douce, car nous ne saurions expliquer autrement la disposition (3) de la loi Julia *De adulteriis* par laquelle défense était faite d'épouser une femme condamnée comme adultère, défense superflue si toutes les femmes condamnées pour ce fait avaient été déportées ou mises à mort.

Outre cette peine de la relégation qui, à notre avis, était prononcée contre les adultères, Paul nous parle aussi de peines pécuniaires, peines consistant pour la femme en la confiscation de la moitié de sa dot et du tiers de ses autres biens ; pour le complice, il perdait la moitié de sa fortune, et était de plus noté d'infamie et par suite frappé des déchéances qui suivaient la perte de l'*existimatio*.

---

(1) Papinien, loi 13, au *Dig.*, livre XXXIV, titre 9. *Dehis, quæ ut indignis auferuntur*.

(2) Voir sur toute cette matière M. Esmein, *op. cit.*, page 31.

(3) Loi 29, au *Dig.*, § 1. *Ad legem Juliam de Aldulteriis*.

Quant au mari (1) trop complaisant qui avait sciemment facilité les débordements de son épouse, Papinien dit qu'il était puni comme était puni l'adultère,
c'est-à-dire par la relégation. Le même châtiment
frappait celui ou celle qui avait prêté sa maison pour
que le forfait s'y commît (2)

## SECTION DEUXIÈME

### *Du vol.*

Les voleurs furent punis fréquemment par la relégation ; mais avant d'exposer les divers cas dans
lesquels ce châtiment était infligé aux malfaiteurs,
nous nous permettrons une observation nécessaire
pour se rendre compte de la manière dont, sous la
Rome impériale, on classait les coupables.

La relégation, avons-nous dit précédemment, consistait soit dans l'interdiction de certains séjours,

(1) Papinien, loi 8, *princip.* au *Dig.*, livre XLVIII, titre 5.
(2) Nous rappellerons ici qu'une des dispositions de la loi Julia *De
Adulteriis* frappait des peines de la loi Cornelia *De Sicariis* le meurtre
par le mari outragé de la femme ou du complice. Cette législation fut
adoucie et Antonin le Pieux décida que le meurtrier serait simplement
relégué s'il était *honestior* et condamné *in cpus perpetuum* s'il était
*humilior.* Marcien ajoute même que s'il était *in aliqua dignitate positus,* on le reléguait seulement temporairement. Voir au *Dig.*, la loi 1,
§ 5, livre XLVIII, titre 8. *Ad leg. Corn. de Sic,*

soit dans la résidence forcée dans une île quelconque ;
elle pouvait se compliquer de peines accessoires,
comme la confiscation de partie des biens ; mais elle
n'impliquait jamais le travail obligatoire.

Dans ces conditions on comprendra facilement que
les Romains, qui ne connurent jamais l'égalité de tous
devant la loi criminelle, distinguèrent en matière de
vol ceux qui avaient des ressources et que la relégation punissait suffisamment de leur déloyale cupidité,
de ceux qui, complètement dénués de toute fortune,
n'eussent été que bien légèrement châtiés par la relégation.

Aussi en cas de vol punirent-ils exclusivement de
cette peine les *honestiores*, c'est-à-dire les citoyens
*ingenui* jouissant jusque-là de leur honneur civil, et
possédant le cens équestre ou sénatorial (1).

Quant aux *humiliores* coupables de détournements
et de larcins identiques à ceux des *honestiores*, on
leur infligea les travaux forcés ou même la mort.

Ce principe posé, si nous revenons aux cas de vol
châtiés par la relégation, il nous faudra passer en
revue une multitude de méfaits semblables au fond,
mais différents en la forme, et scrupuleusement déterminés et dénommés par la législation romaine.

Ulpien (2) nous parle d'abord d'une certaine caté-

(1) **Voir sur les** *honestiores* **et les** *humiliores*, Willems *op. cit.*, page
402 et suivantes.
(2) *Expilatores qui sunt atrociores fures in opus publicum vel perpe-*

gorie de bandits qu'il désigne sous le nom *d'expila-tores* et qui sont, dit-il, *d'atrociores fures*. On ne sait au juste quel était le signe distinctif des *expilatores*. Certains pensent que c'étaient des voleurs de grand chemin détroussant les voyageurs isolés ; d'autres pensent au contraire qu'ils étaient simplement les précurseurs de ceux qui, de nos jours, déménagent en l'absence du propriétaire, les villas et maisons de campagne.

Les scélérats de cette sorte étaient livrés à l'arbitraire du juge, qui pouvait les condamner même à la peine capitale. Si par hasard quelque circonstance plaidait en leur faveur, on se bornait à les reléguer s'ils étaient *honestiores*, à les envoyer aux mines ou à l'*opus publicum* s'ils étaient *humiliores*.

Les *effractores* étaient ceux qui s'introduisaient avec effraction dans les maisons. On distinguait suivant qu'ils commettaient leur crime de jour ou de nuit.

Si c'était le jour, la peine était la relégation à temps pour les *honestiores*, l'*opus publicum* également à temps pour les *humiliores*.

Si c'était de nuit, c'était la relégation ou l'*opus*

---

*tuum, vel temporarium dari solent : honestiores autem ordine ad tempus moveri, vel fines patriæ juberi excedere. Quibus nulla specialis pæna rescriptis principalibus imposita est : id circo causa cognita liberum erit arbitrium statuendi ei, qui cognoscit.* — Loi 1, § 1, au *Dig.*, livre XLVII, 18. *De Effractoribus et expilatoribus.*

*publicum* non plus à temps, mais à perpétuité (1).

Les *sacularii* qui, de même que nos pickpockets actuels, volaient sur les places publiques et dans tous les endroits où la foule se réunit, étaient selon leur situation sociale, ou simplement relégués temporairement, ou frappés de verges et envoyés aux mines (2). Les *fures balnearii* ou autrement dit ceux qui exerçaient dans les bains leur coupable industrie, étaient renvoyés devant le *præfectus vigilum* et condamnés suivant les principes précédemment exposés, soit aux mines, soit à la relégation (3).

Les voleurs de bestiaux (*abigei*) étaient, quand ils appartenaient à la classe des *honestiores*, punis d'après la gravité des cas par la relégation perpétuelle ou temporaire ; s'ils étaient *humiliores*, on les condamnait à l'*opus publicum* ou même au dernier supplice. Les *receptores abigeorum* furent d'abord simplement punis par l'interdiction de séjour en Italie durant une période de dix ans ; plus tard, ce genre de vol prenant les proportions d'un véritable fléau, on assimila complètement le recéleur à l'auteur principal et on le punit de même (4).

Citons encore les pilleurs d'épaves (*qui de naufra-*

(1) Loi 1, § 2 au *Dig.*, livre XLVII, 18.

(2) *Rein criminal recht, op. cit.*, page 321.

(3) Ulpien, loi 1 au *Dig.*, livre XLVII, 17, *De furibus balneariis*. Voir encore Paul, loi 3, § 5 au *Dig.*, livre I, 15, *De officio profecti vigilum*.

(4) Voir au *Dig.* le titre 14 *de Abigeis,*, livre XLVIII (Ulpien, Macer et Callistrate).

*giis aliquid diripuerint*). Ils étaient punis de diverses peines, parmi lesquelles la relégation figurait toujours exclusivement pour les *honestiores* (1).

### SECTION TROISIÈME

*Des autres délits punis par la peine de la relégation.*

Une foule d'autres délits étaient encore châtiés par la relégation, et presque toujours cette peine était le privilège, ainsi que nous l'avons dit précédemment, des *honestiores.*

C'est ainsi qu'Ulpien nous dit qu'en matière de *stellionat* (2) la peine ordinaire était la relégation *ad tempus* si le coupable était *in honore positus*, l'*opus publicum* s'il était plébéien (3).

Était encore puni par la relégation celui qui se rendait coupable de *vis privata.*

Paul a énuméré les faits qui constituaient le délit de *vis privata* ; sont coupables d'après ce juriconsulte de *vis privata*, ceux qui troublent les cérémonies

---

(1) Callistrate, loi 7 au *Dig.*, 47, 9. *De incendio.*

(2) On désignait à Rome par le mot *stellionat* tous les délits qni n'avaient pas été spécialement prévus et désignés par la loi.

(3) Ulpien, loi 3, § 1 ac *Dig.*, livre XLVII, 20. *De stellionat* ; voir au même titre la loi 4 *De modestui.*

funéraires, qui attentent à la liberté ou à la sécurité du patrimoine d'autrui ; sont assimilés aux auteurs de ces faits ceux qui ouvrent leur maison ou reçoivent à leur foyer le condamné à la peine de l'*aquæ et ignis interdictio* (1). Pour tous ces délits, la peine est la relégation dans une île et la confiscation du tiers du patrimoine. Du moins c'est là ce que Paul enseigne, mais on a fait observer que, parlant également de la *vis privata*, Marcien et Modestin en énumérant les peines édictées par la loi Julia de *vi privata*, n'ont pas fait mention de la relégation. Le seul moyen de concilier ces trois juriconsultes est d'admettre que, quand les compilateurs ont, sous Justinien, inséré au *Digeste* ces deux fragments de Marcien et de Modestin (2), ils négligèrent et omirent ce qui était relatif à la relégation. A cette époque en effet, la peine de la relégation n'était plus applicable à la *vis privata*. Quant à l'autre explication qu'on en a donnée en disant que la relégation était la peine appliquée dans le principe, mais qu'elle n'était plus usitée en ces circonstances au temps de Marcien et de Modestin, nous jugeons

(1) Le texte de Modestin est ainsi conçu : « *Si creditor sine auctoritate judicis res debitoris occupet, hac lege tenetur et tertia parte bonorum multatur et infamis sit.*» Loi 8 au *Dig* liv. XLVIII titre 7, *Ad. leg. Jul. de vi privat.* La loi 1 princip. au même titre de Marcien est encore beaucoup plus formelle, car elle embrasse tous les faits rentrant dans la *vis privata*.

(2) Paul *Sentences*, livre V, titres 20, 22 et 26 § 3. Notons que ceux qui prêtaient aide et assistance au relégué insoumis étaient simplement punis par une amende : « *interdum pecuniariter damnantur, qui relegatos suscipiunt.* Ulpien loi 11 au *Dig.* 48, 22. *De interdict.*

inutile de nous y arrêter, car on sait que Paul est leur contemporain.

La loi Cornelia *testamentaria*, que nous avons déjà citée à propos de la déportation, punissait de la relégation ou de l'envoi aux mines, suivant la situation du coupable, ceux qui se servaient de leur relation d'amitié avec un juge pour trafiquer de ses décisions (1).

La loi Pompeia *de Parricidiis* nous offre encore un cas de relégation : «*Frater autem ejus, qui cognoverat tantum, nec patri indicaverat, relegatus est: et medicus supplicio affectus* » (2).

Comme à notre époque, l'avortement, sous les empereurs, était devenu un crime des plus fréquents nécessitant une répression sévère. On distinguait d'ailleurs suivant les résultats.

Si par exemple le breuvage ou les manœuvres abortives n'avaient produit aucun effet, ceux qui avaient fourni le breuvage étaient condamnés à la relégation perpétuelle avec confiscation du tiers des biens, s'ils étaient *honestiores* ; aux mines s'ils étaient *humiliores*.

(1) Voir Paul, *Sentences* V, 25, § 8, 9 et 13.
(2) Scœvola, loi 2 au *Dig.*, liv. XLVIII, tit. 9. *De lege Pompeia de Parricidiis*.

Disons encore que le faux témoignage, puni de mort par la loi des XII Tables, ainsi que nous l'avons indiqué précédemment, ne fut plus dans la suite puni que de la relégation. Voir sur ce point, Paul, *Sentences* V, 15, § 5 et Aulu-Gelle, pas. cit. *noct* att. 20, 1.

Dans le cas où la femme était morte, la peine contre les coupables était la mort sans distinction de rang (1).

Quant à la femme qui s'était livrée à des manœuvres coupables pour se faire avorter, elle était reléguée : *Divus Severus et Antoninus rescripserunt, eam, quæ data opera abegit, a præside in temporale exilium dandam : indignum enim videri potest, impune eam maritum liberis fraudasse* » (2).

Nous terminerons (3) notre énumération des délits punis de la relégation en citant le plagiat et la récidive. Le plagiat à Rome n'était pas comme de nos jours, le vol littéraire. On entendait par ce mot, un des crimes les plus graves aux yeux des vieux républicains, celui de faire battre de verges un citoyen romain. Plus tard le mot plagiat désigna le vol ou le recel d'esclaves. Ce délit, sous cette dernière forme, était primitivement puni par une forte amende ; plus tard une loi Fabia *de plagiariis* (4) augmenta la péna-

(1) Paul, loi 38, § 5 au *Dig.* liv. XLVIII, tit. 19, *de Pœnis.*

(2) Loi 4 au *Dig.* liv. XLVII, tit. 11. *De extraord. criminibus,* voir encore sur ce point, Ulpien, loi 8 au *Dig.*, 48, 8 ; et loi 39 au *Dig.*, liv. XLVIII, tit. 19.

(3) A propos de la déportation, nous avons parlé des peines insensées qui, sous les empereurs chrétiens, frappèrent les séducteurs . Primitivement leur châtiment était bien plus raisonnable, car nous trouvons au *Digeste* un texte de Paul ainsi conçu :« *Qui nondum viripotentes virgines corrumpunt, humiliores in metallum damnantur, honestiores in insulamreleğantur, aut in exilium mittantur.*Paul,loi 38 au *Dig*, § 3.48, 19 ».

(4) Nous n'avons aucun renseignement sur la date de cette loi ; tout ce que nous en savons, c'est qu'elle n'est pas postérieure à Cicéron qui en

lité, et sous l'empire on le châtia par la relégation perpétuelle et même par la mort (1).

Enfin, certains délits minimes étaient en cas de récidive punis par la relégation. C'est ainsi que l'affranchi oublieux de ses devoirs vis-à-vis de son patron, pouvait si son ingratitude se manifestait à plusieurs reprises, être relégué : « ..... *si quidem innoficiosus patrono patronæ liberisve eorum sit : tantommodo castigari eum subcomminatione aliqua severitatis non de futuræ, si rursus causam querela præbuerit, et dimitti oportet. Enim vero si contumeliam fecit aut convicium eis dixit, etiam in exilium temporale dari debebit* » (2).

De même les jeunes gens qui troublaient l'ordre étaient d'abord simplement frappés de verges et, en cas de récidive, relégués dans une île (3).

fait mention dans une de sesharangues. Voir sur ce point Ortolan *Hist. et general, op. cit.* § 2361.

(1) Voir au *Dig.*, la loi 6 princip. et § 2, et la loi 7, livre XLVIII, titre 15 *De lege fabia plagiariis.*

(2) Ulpien, loi 1, au *Dig.*, livre XXXVII, titre 14. *De jure patron.*

(3) Voir Bonneville de Marsangy. *De la Récidive* p. 164, voir encore sur cette matière Callistrate loi 28 au *Dig,* § 3 livre 48 titre 19. *De pœnis.*

# CHAPITRE III

## JURIDICTIONS COMPÉTENTES EN MATIÈRE DE RELÉGATION.

En ce qui concerne les crimes et délits de droit commun, nous n'avons pas à revenir sur ce que nous avons dit précédemment, et nous nous bornons à renvoyer à la partie de notre étude où nous avons traité, à propos de la déportation, la question des juridictions en matière criminelle.

Ce que nous voulons examiner ici, ce sont surtout les pouvoirs conférés par le prince aux gouverneurs de province pour exiler dans un but purement politique, tous ceux qui pouvaient être un sujet de trouble ou de désordre.

Disons seulement qu'outre les gouverneurs de province, l'empereur, le sénat et le préfet de la ville avaient le droit de reléguer : « *relegatur quis a prin-*

*cipe, senatu, præfectis et præsidibus provinciarium non a consulibus.* » (Ulpien, loi 14 au *Dig*. 48, 22).

Nous n'insistons pas sur les pouvoirs illimités de l'empereur, nous n'insistons pas non plus sur ceux du sénat et des préfets qui ne faisaient en général qu'exécuter les ordres du souverain dont ils n'étaient en réalité que les délégués (1).

Au contraire, nous sommes obligé de nous arrêter sur les pouvoirs judiciaires des gouverneurs. Ceux-ci éloignés de la capitale, étaient tenus d'agir sous leur propre responsabilité, et bien qu'ils eussent plein pouvoir pour vous chasser de votre domicile, néanmoins certaines bornes, certaines limites leur étaient imposées. C'est par cette étude des restrictions apportées à leur omnipotence que nous allons terminer notre sujet.

Disons tout de suite qu'en matière de relégation, les droits des gouverneurs variaient selon le genre d'exil qu'ils prétendaient imposer.

S'agissait-il de la relégation sous sa forme la plus rigoureuse, c'est-à-dire la relégation dans une île, le gouverneur pouvait l'imposer dit Ulpien, à la condition qu'il y ait une île dans le ressort de son administration ; autrement il n'avait que le droit de faire arrêter celui qu'il voulait reléguer dans une île et de

---

(1) Voir sur toute cette matière Tite-Live, livre XL, § 41 ; Walter, *op. cit.*, § 824, Willems, *op. cit.*, page 403.

le garder en prison jusqu'à ce que la décision de l'empereur lui fût parvenue (1).

Nous avons dit plus haut qu'outre la relégation dans une île il y avait pour certaines provinces une peine semblable qu'on subissait dans une oasis. Justinien laissa aux gouverneurs de Thèbes et d'Alexandrie le droit de reléguer dans une oasis, mais à la condition que ce châtiment ne durerait pas plus de six mois ou un an : « *Magistratus autem Alexandriæ et Thebaidos solos jubet in Ægyptum et in oasin mittere vel in sex menses, vel ad summum in annum* » (2).

En ce qui concerne la deuxième sorte de relégation, consistant à interdire au relégué toute résidence sauf certains lieux déterminés par l'arrêté d'exil, les pouvoirs des gouverneurs étaient encore plus étendus que dans le premier cas que nous venons d'étudier.

Ils pouvaient de leur propre autorité ordonner au relégué d'habiter dans telle ou telle partie de la province, avec défense absolue de sortir du lieu qu'on lui avait fixé comme résidence. Toutefois, ils ne pouvaient sans la permission de l'empereur reléguer dans d'autres provinces que la leur (3).

(1) Ulpien, loi 7, § 1, au *Dig.*, livre XLVIII, XXII.
(2) Loi 26, § 2, au *Code*, livre IX, XLVII, *de pænis*.
(3) Ulpien, loi 7, § 6 et 9, au *Dig.*, liv. XLVIII, XXII.

Enfin en ce qui touche la relégation sous sa forme la plus douce, c'est-à-dire la simple interdic tion de séjour, les gouverneurs avaient un pouvoir illimité.

A l'origine, l'individu exilé de la province où il était seulement domicilié, avait le droit de s'en retourner dans son pays natal, et le gouverneur qui avait pris contre lui l'arrêté d'expulsion n'avait nul pouvoir pour l'en empêcher. Plus tard cette faculté fut accordée aux gouverneurs, et même ils eurent le droit d'interdire complètement le passage dans leur province à ceux qui, n'y étant pas domiciliés, avaient durant leur route commis quelque délit (1).

En outre, certains gouverneurs des provinces frontières, comme ceux de la Syrie et des Daces avaient le droit de défendre, de séjourner non seulement dans leur province, mais même dans les provinces voisines: « *Quibusdam tamen præsidibus, ut multis provinciis interdicere possint, indultum est : ne præsidibus Syriarum et Daciarum* » (2).

Ulpien nous apprend que la coutume était d'accorder à l'expulsé un certain délai qui lui permettait de mettre ordre à ses affaires : « *his, qui relegantur, dies excedendi a præsidibus dari et potest et solet : et enim moris est, ita pronunciari, illum provincia illa insulis-*

<hr>

(1) Ulpien, loi 7, §§ 10, 11, 12 et 13, au *Dig.*, 48, 22.
(2) Ulpien, loi 7, §§ 14, 48 et 22, au *Dig.*, livre XLVIII, 22.

*que eis relego: excedereque debebit intra illum diem»*(1).

Contre l'arbitraire des gouverneurs, les malheureux expulsés n'avaient qu'une ressource, la miséricorde de l'empereur. Il faut croire que souvent on s'efforçait d'empêcher leurs plaintes de parvenir jusqu'au souverain, car nous trouvons au *Digeste* une constitution de Sévère et d'Antonin décidant que le relégué doit toujours avoir le droit d'adresser directement à l'empereur un mémoire de protestation : « *Relegatum plane libellum dare principi posse, Divi fratres rescripserunt* » (2).

Enfin nous finirons en disant que les empereurs eux-mêmes avaient reconnu les dangers qui pouvaient s'attacher à ce droit conféré aux gouverneurs de se débarrasser par l'exil de tous ceux qui leur portaient ombrage. Aussi ne voulurent-ils pas étendre cette faculté de condamner à la relégation, et en cas d'absence du gouverneur celui qui le remplaçait dans l'administration de la province, le *procurator Augusti*, n'avait pas le droit d'édicter la peine de l'exil (3).

Nous arrêterons ici cette étude peut-être déjà trop longue ; mais avant de terminer, nous tenons à payer un tribut d'admiration à cette incomparable législa-

(1) Ulpien, même loi, § 17.
(2) Ulpien, loi 7 déjà citée, § 18.
(3) Voir au *Code*, loi 2, liv. IX, tit. 47 *de Pœnis* ; voir aussi sur le *procurator Augusti* Willems, *op. cit.*, p. 517. (Il en fut du moins certainement ainsi à partir d'Antoine).

tion, à ce grand *jus romanum* qui résume et porte
en lui tous les génies d'une nation illustre ; à ce Droit
romain qui a été le précurseur de toutes les civilisa-
tions modernes ; qui restera éternellement la source
où viendront puiser les législateurs de tous les temps
et de tous les pays ; le cadre de tous les Codes. Ce qui
surtout est digne de louange, c'est que dans ses lois
ce peuple, vainqueur du monde, porté fatalement à
exagérer le principe de l'autorité, a néanmoins presque toujours su, en matière civile comme en matière
pénale, respecter mieux que les droits les privilèges
sacrés de la défense. Dans l'étude qui va suivre, nous
examinerons une loi récemment promulguée, et nous
verrons qu'à la fin du xix^e siècle, le Droit romain est
encore, malgré la différence de l'époque, des mœurs,
des aspirations, le phare que devrait toujours regarder
le législateur moderne.

# DROIT FRANÇAIS

## DE LA RELÉGATION

### DES RÉCIDIVISTES

NATURE ET EFFETS

---

## PREMIÈRE PARTIE

## NATURE DE LA RELÉGATION

---

### INTRODUCTION

Un écrivain justement célèbre, philosophe et sen-
timental à son temps, spirituel toujours, qui a beaucoup écrit sans doute parce qu'il a considérablement
vu et même voyagé, raconte qu'il se perdit un jour
en se promenant dans un lointain pays, et après avoir
décrit avec infiniment d'esprit, les fatigues, les
angoisses d'une pérégrination par trop obligatoire, il
s'écrie : « enfin je vis une potence, je m'aperçus que
j'étais dans un pays civilisé. »

Cette exclamation frivole et paradoxale en apparence, renferme une observation profonde qui est comme le résumé de la science sociale et qui démontre que la civilisation, c'est-à-dire le composé des progrès de tous les genres accomplis par une nation, ne marche qu'avec un cortège de punitions et de supplices.

Toute nation civilisée a donc son droit pénal *summum jus* et quand nous avons pour tâche d'examiner certaines dispositions d'une loi répressive réclamée pour ainsi dire depuis des siècles et qui à peine promulguée rencontre, comme pendant sa conception, les attaques les plus vives, les reproches les plus amers, nous pensons, malgré nous, en le regrettant vivement, aux difficultés sans nombre qui assaillent ceux auxquels la nation délègue le soin de rédiger les lois répressives qui constituent notre législation pénale.

En présence de faits incontestablement graves, qui compromettent la sécurité des personnes et des choses, l'opinion s'alarme à très juste titre et réclame des mesures protectrices, c'est là que commence la difficulté. L'opinion, le plus souvent, par la grande voie de la presse, aujourd'hui complètement indépendante, mais toujours passionnée, demande des peines exemplaires, terribles ; il faut pour sauver l'intérêt menacé, anéantir le coupable en laissant de

côté tout sentiment d'équité et d'humanité ; à côté
de ce courant et avec la même passion, il s'en forme
un autre, qui au nom du sentimentalisme et d'une
pitié plutôt exagérée que sincère, nie l'étendue du
mal, cherche à le pallier par les plus mauvaises raisons et conteste même au législateur le droit de punir
au nom de l'intérêt social qu'une certaine école met
toujours au-dessous de l'individu.

Quelle est dans ces conditions la situation du
gouvernement et du parlement; en face de ces clameurs et de ces revendications, que peuvent-ils faire?
Quand les uns, s'ils marchent, disent vous allez trop
loin, vous foulez aux pieds les droits les plus sacrés
et quand les autres, s'ils hésitent, crient vous nous
perdez par votre mollesse, votre manque d'énergie,
vous êtes indignes de gouverner comme incapables
de faire une loi, et alors gouvernement et parlement
répondraient volontiers avec Montesquieu et citeraient
l'admirable passage de l'*Esprit des lois* (1) qui
résume si merveilleusement toutes les difficultés que
doit surmonter celui qui a la mission de légiférer.

« On entend dire sans cesse qu'il faudrait que la
justice fut rendue partout comme en Turquie. Il n'y
aura donc que les plus ignorants de tous les peuples
qui auront vu clair dans la chose du monde qu'il
importe le plus aux hommes de savoir.

(1) Montesquieu, de l'*Esprit des lois*, livre VI, chapitre. XI

« Si vous examinez les formalités de la justice par rapport à la peine qu'a un citoyen de se faire rendre son bien ou à obtenir satisfaction de quelque outrage, vous en trouverez sans doute trop. Si vous les regardez dans le rapport qu'elles ont avec la liberté et la sûreté des citoyens, vous en trouverez souvent trop peu et vous verrez que les peines, les dépenses, les longueurs, les dangers même de la justice sont le prix que chaque citoyen donne pour sa liberté.

« On voit que dans les républiques il faut autant de formalités que dans les monarchies. Dans l'un et dans l'autre gouvernement, elles augmentent en raison du cas que l'on y fait de l'honneur, de la fortune, de la vie et de la liberté des citoyens.

« Les hommes sont tous égaux dans le gouvernement républicain ; ils sont égaux dans le gouvernement despotique. Dans le premier c'est parce qu'ils sont tout, dans le second, c'est parce qu'ils ne sont rien ».

Les paroles de Montesquieu sont et resteront éternellement vraies, les difficultés que rencontrera le législateur seront toujours les mêmes ; c'est à lui de redoubler d'étude, de conscience et de vigilance et dans l'historique que nous allons faire de la loi de mai 1885, on jugera de la grande tâche qui incombait à notre parlement, des résistances qu'il a fallu vaincre des combats qu'il a fallu livrer pour arriver à la confection d'une loi imparfaite sans doute et encore incomplète, mais qui, néanmoins, assurera autant que possible dans l'avenir la sécurité des honnêtes citoyens, punira le coupable en cherchant à l'amender et surtout le mettra vu l'éloignement, dans l'impossibilité de renouveler ses crimes et méfaits dans la mère patrie.

La loi dont nous avons à nous occuper réalise un immense progrès déjà tenté ; elle arrive après des essais multiples que nous aurons à exposer. Longtemps réclamée, on peut dire qu'elle vient à son temps ; nous vivons dans d'autres conditions, nous sommes autrement armés, autrement capables de nous défendre que nos ancêtres et fort heureusement nous sommes loin de l'époque où un ministre de la justice, M. d'Argenson, par impuissance plus que par peur, donnait les instructions suivantes aux intendants de Bourgogne et de Moulins au sujet d'un malfaiteur qui peut être considéré comme l'aïeul légendaire des récidivistes dont nous allons avoir tant à dire : « Il faut se saisir de Mandrin, si l'on peut et au moins l'empêcher de venir à Paris. »

Sans nous attarder plus longtemps, nous allons aborder cette partie de la loi du 27 mai 1885 qui concerne la relégation des récidivistes.

Profondément convaincu de la nécessité d'une

semblable mesure, nous nous sommes proposé dans cette étude un double objet :

1. Montrer par l'analyse de nos anciennes lois, par l'exposé de la transportation pénale anglaise et par celui de notre loi de 1854 que l'expatriation des criminels comme mode de châtiment et de défense sociale n'était pas une nouveauté, qu'à diverses époques de notre histoire, et chez des peuples voisins, elle avait donné et donne encore aujourd'hui dans notre propre pays les meilleurs résultats, que par suite l'expérience ne pouvait que conseiller de l'adopter.

2. Exposer dans les grandes lignes, la loi du 27 mai telle qu'elle a été votée par le Parlement, dire quels sont les coupables qui sont châtiés par elle, à quel régime ils sont soumis et enfin comment ils peuvent espérer, par leur bonne conduite, racheter leurs fautes et améliorer leur sort.

Certes, en entreprenant ce travail, nous ne nous sommes fait aucune illusion sur les difficultés qu'il présentait et nous aurions assurément renoncé à choisir un tel sujet si nous n'avions eu pour nous

Voir sur toute cette question de la relégation et de la transportation pénale :

*Histoire des colonies pénales de l'Angleterre* par M. le marquis de Blosseville.

*De la répression du vagabondage*, par Th. Homberg, Paris, Durand 1862.

guider les leçons et les si remarquables articles de M. Léveillé auxquels sont venus s'adjoindre pour nous aider l'admirable ouvrage de M. Michaux et les non moins savantes études de MM. de Blosse-ville, Homberg, Barbaroux, Ribot et Reinach.

*Aperçus législatifs, philosophiques et politiques sur la colonisation pénitentiaire*, par C. O. Barbaroux. Paris, Firmin-Didot 1857.

Ribot, *Étude sur le sysème pénitentiaire en Angleterre.* — *Revue des Deux-Mondes*. Livraison du 1ᵉʳ février 1873.

Michaux, *Études sur la question des peines*. Paris, Challamel, éditeur, 1875.

Joseph Reinach, *Les récidivistes*. Charpentier, Paris 1882,

M. Léveillé, *La Guyane et la question pénitentiaire coloniale.* (Forçats et récidivistes). Paris, librairie Pichon. 1886. Articles paru dans le journal le « *Temps* », numéros des 7, 9, 11, 13 et 14 mai 1885, 13 avril et 28 avril 1886 ; 5 mai et 9 juillet 1886.

## CHAPITRE PREMIER

### HISTORIQUE

Lorsque nous étudierons les débats parlementaires de la loi du 27 mai 1885, nous verrons, si nous laissons de côté ceux qui l'ont combattue au nom du sentimentalisme, l'appelant, selon une expression célèbre, la guillotine sèche, que ses principaux adversaires ont surtout soutenu :

1° Que malgré les nombreuses propositions et les divers essais faits à ce sujet en France, on n'avait pu obtenir de bons résultats tant au point de vue pénal qu'au point de vue colonial ;

2° Qu'en Angleterre où l'expatriation forcée des criminels a été pendant une longue suite d'années la base du système pénitentiaire, on a dû finir par y renoncer complètement et par mettre en vigueur un tout autre mode de répression.

Dans ce chapitre premier consacré à l'historique

de la transportation, nous nous sommes surtout
efforcés de montrer combien ce double argument des
détracteurs de la relégation est peu fondé. L'Angleterre
avec sa magnifique colonie de l'Australie ; la diminution de la grande criminalité amenée par la loi de
1854 et que les statistiques du ministère de la justice
constatent chaque année, sont là pour leur donner le
plus cruel et le plus inplacable des démentis.


### SECTION PREMIÈRE.

*De la transportation dans l'ancien Droit français.*


Ayant surtout l'intention de développer la colonisation pénale anglaise et notre loi de 1854, nous ne
pouvons pourtant nous empêcher de dire quelques
mots des tentatives faites en France, même avant la
révolution pour purger la métropole des gens sans
aveu et en même temps peupler nos possessions
d'outre-mer. Si nous devons à regret convenir qu'on
n'a pas alors obtenu les résultats que l'on cherchait
et que l'on était en droit d'attendre, on verra néanmoins que nos adversaires n'ont pas le droit de s'emparer de ces insuccès et que si l'on a échoué, cela a
uniquement tenu soit à un fatal concours de circons-

tances, soit à un fâcheux manque de cet esprit de suite qui est l'élément le plus indispensable pour le triomphe d'entreprises de cette nature.

D'ailleurs il faut le reconnaître, il y avait très probablement au xvi^e ou au xvii^e siècles fort peu de récidivistes, non pas à cause de la sévérité des peines qui les frappaient, comme l'a soutenu M. Bonneville de Marsangy (1), mais parce qu'on n'avait nulle difficulté pour s'en débarrasser. Sous Louis XIV comme sous ses prédécesseurs, la marine royale manquait toujours de galériens (2) ; aussi quand les capitaines étaient trop à court de rameurs, on faisait une véritable battue aux vagabonds et aux gens sans aveu, ceux qui étaient infirmes ou mal portants étaient envoyés en place de grève ou même relachés, les autres allaient pour le reste de leur vie ramer sur les vaisseaux du duc de Beaufort ou de Duquesne.

Dans ces conditions on n'éprouvait guère le besoin de faire cultiver quelque terre lointaine par les scélérats d   toute sorte qui infestaient les rues de Paris et

(1) « Il y avait peu de récidivistes alors que la loi disait comme au xvi^e siècle : au premier vol, le coupable sera pilorié, au second, il s era pendu ». Bonneville de Marsangy, *de la récidive*, tome I^er préface, page iij.

(2) On connaît l'histoire rapportée par M. l'amiral Jurien de la Gravière, dans ces intéressants récits sur la marine d'autrefois, de cet infortuné notaire qui fut pris dans les environs de Mantes et envoyé aux galères bien qu'absolument innocent de tout délit. Seulement la chaîne avait éprouvé de fortes pertes et son conducteur les avait réparées en prenant les premiers passants venus.

des autres grandes villes du royaume. Malgré leur nombre toujours croissant, malgré la rigueur du guet ou de la maréchaussée, jamais les forçats n'étaient assez nombreux pour faire le service des chiourmes.

Dès le xvi⁰ siècle pourtant, nous trouvons en France des exemples de colonisation pénale.

En 1540, le fondateur des établissements français du Canada, Jacques Cartier, obtint l'autorisation d'emmener avec lui des prisonniers. Il n'existe nul document sur le résultat de cette première tentative de transportation, et rien ne nous empêche de supposer que ces malfaiteurs ont pu contribuer avantageusement à la fondation de la Nouvelle France.

En cette même année, 1540, un gentilhomme normand, le sire de Roberval, obtint lui aussi de François 1ᵉʳ la permission de vider les prisons de sa province et d'embarquer tous les détenus comme colons.

En 1600, Henri IV fit don au marquis de la Roche, gouverneur général du Canada, de cinquante condamnés. Le marquis de la Roche les déposa à l'île de Sable sur les côtes de l'Acadie et les laissa là presque sans aucune ressource. Aussi n'y a-t-il rien de bien étonnant à ce que cinq ans plus tard presque tous fussent morts de misère et de faim.

En 1674, Colbert, qui voulait défricher la Guyane, y envoya un grand nombre de galériens et ce premier essai de colonisation pénale dans ce pays donna les meilleurs résultats, malheureusement les successeurs de Colbert ne furent pas à la hauteur de leur tàche et au XVIII<sup>e</sup> siècle la prospérité de la Guyane déclina pour ne plus jamais se relever (1).

Avec le remplacement des galères par des bâtiments exclusivement à voiles, l'encombrement se produisit dans les prisons et dans les bagnes. Aussi pour y remédier, en 1719, il fut fait une grande tentative de transportation. Le gouvernement d'alors résolut d'expatrier aux colonies pour y servir et y travailler à la culture des terres tous les vagabonds et gens sans aveu qui, ne s'étant pas soumis aux ordonnances de bannissement, avaient encouru la peine des galères ; peine devenue inapplicable.

Mais dès 1722 , il fallut y renoncer devant les plaintes des anciens colons et parce que, comme le dit l'ordonnance royale de 1722: « Ces individus, qui portaient avec eux la fainéantise et leurs mauvaises mœurs, paraissaient peu propres à entretenir un bon commerce avec les naturels du pays. »

Monsieur Homberg ( 2 ) fait observer avec infiniment de raison que si les Anglais s'étaient arrêtés à des considérations de ce genre, ils n'auraient

(1) Voir M. Léveillé, *La Guyane.*
(2) Voir sur toute cette matière, Homberg. (De la repression du vagabondage).

assurément pas fondé leurs opulentes colonies australiennes et que le véritable motif de l'insuccès de l'expédition fut la légèreté avec laquelle elle avait été conçue et menée.

Le peu de soin que les ministres de Louis XV apportèrent aux choses de la marine, nos revers sur mer, la perte de la plupart de nos colonies firent que cette tentative ne fut pas renouvelée durant les dernières années de la monarchie (1).

(1) Nous devons faire observer que sous l'ancien régime ce ne fut pas seulement les hommes que l'on transporta aux colonies, on y fit également passer quantité de femmes de mauvaise vie.— C'est ainsi qu'en 1685, deux vaisseaux conduisirent à Saint-Domingue cent filles prises à l'hôpital général. La lettre suivante de Seignelay au procureur général du Harlay en fait foi :

« Versailles, le 1er mai 1685.

Le roy ayant esté informé que l'on a besoin de filles à la coste Saint-Domingue pour les François qui y sont établis, Sa Majesté m'ordonne de vous escrire pour sçavoir si l'on pourr ait tirer de l'hospital général cinquante ou soixante filles pour estre envoyées à la dite coste ». Correspondance administrative sous Louis XIV, tome II, page 593.

Dans ses nouveaux voyages dans l'Amérique Septentrionale (Lahaye, 1709, pages 11 et 12) M. le baron de Lahontan raconte que lors de notre établissement sur les rives du Saint-Laurent, le régiment de Carignan ayant été licencié, beaucoup de soldats demandèrent à rester au Canada ou de nombreuses concessions de terre leur furent accordées. Comme en outre, ils demandaient des compagnes, on fit venir de France des filles de mauvaise vie parmi lesquelles les nouveaux colons se choisirent des épouses.

## SECTION II

### *Droit intermédiaire.*

A la fin du dix-huitième siècle, dans les années qui précédèrent la révolution, le désordre social était arrivé à son comble. Un gouvernement impuissant, une administration sans prestige et sans autorité avaient laissé pulluler les vagabonds et les malfaiteurs de toute sorte. Si l'on joint à cela les désordres qui suivent toujours un bouleversement social, tel que celui de 1789, on comprendra aisément que malgré leurs nombreux soucis, les législateurs de 1791 comme ceux de 1793, durent se préoccuper de la répression du vagabondage et d'assurer la sécurité de la rue.

Pour protéger les honnêtes gens, la Constituante n'hésita pas à prendre des mesures énergiques comme le dit M. Joseph Reinach (1) : « Cette grande protectrice des faibles et des malheureux ignorait les compassions imprudentes et les attendrissements malsains dont notre génération a été trop longtemps la dupe. Son bon sens ne lui permettait pas de reporter sur l'assassin la pitié qui revient à la victime. »

(1) Joseph Reinach, *op. cit.* page 5.

C'est dans ce véritable esprit de justice et d'humanité bien entendues qu'elle rédigea le Code pénal de 1791 dont l'article premier du titre 2 stipulait que : « Quiconque ayant été repris de justice pour crime viendrait à être convaincu d'un nouvel attentat, serait, après en avoir subi la peine, transféré pour le reste de sa vie dans le lieu de déportation des malfaiteurs. »

Cette peine de la déportation telle qu'elle était organisée par la Constituante, ne pouvait être prononcée que par les tribunaux criminels sur la déclaration du jury et, ainsi que le faisait remarquer Merlin, elle ne pouvait être effectuée qu'après l'entière exécution de la peine des fers, de la gêne ou de la détention à laquelle elle était ajoutée. Le grand reproche qu'on pouvait faire à cette très sage mesure, c'était de n'envoyer aux colonies que des gens déjà épuisés par une longue peine et incapables d'offrir grande résistance aux fatigues de la traversée et au brusque changement de vie et de climat ; parfaite au point de vue métropolitain, elle était détestable au point de vue colonial.

La Convention alla encore plus loin ; mais elle eut aussi exclusivement pour but le nettoyage des rues ; tout ce qu'elle chercha, ce fut non tenter une expérience de colonisation, mais simplement se débarrasser des vagabonds et des mendiants incorrigibles dont le nombre toujours croissant devenait un véritable danger ; c'est dans cet ordre d'idées que fut rendue la loi du 24 vendémiaire de l'an II.

D'après cette loi, la transportation était édictée contre tout mendiant en cas de seconde récidive s'il était domicilié, et simplement d'une s'il ne possédait aucun domicile.

Elle pouvait être prononcée sans jurés par le tribunal du district; sa durée ne pouvait être moindre de huit ans, mais. elle devait toujours être temporaire, tout en pouvant être prolongée si la conduite du transporté le méritait, comme aussi elle pouvait être abrégée, mais dans le cas seulement d'un service notable rendu à la colonie. Une disposition de cette loi du 24 vendémiaire édictait que tout citoyen qui, avant un jugement de transportation, consignerait une somme de cinq cents francs pour répondre de la conduite ultérieure du mendiant prêt à la subir, empêcherait sa transportation et obtiendrait sa liberté (Art. 6).

Dans la colonie, le transporté travaillait non pour lui, mais pour le compte de la nation. Il recevait seulement le sixième du prix de ses journées dont moitié chaque semaine et le reste lors de sa libération. A l'expiration de sa peine, s'il préférait rester dans sa nouvelle patrie, ou lui concédait une portion de terrain suffisante pour qu'en la cultivant, sa subsistance pût être assurée, mais soit qu'il vendit lui-même ses denrées, soit que l'administration prit ce soin, la moitié du produit de son travail devait servir aux dépenses et à l'entretien de l'établissement. S'il se mariait et s'il lui venait des enfants, il était affranchi du quart de cette indemnité et même de la moitié s'il en avait plus de trois. Il transmettait à sa mort aux siens en pleine et entière propriété le fonds qui lui avait été concédé.

Un décret du 11 brumaire an II, rendu par la convention à la suite d'un assez curieux rapport du député Gouly (1) désigna comme lieu de transportatation le ci-devant fort Dauphin dans l'île de Madagascar, qui, de ce jour devait prendre le nom de « Fort de la loi » (art. 1).

Le port de Lorient devait être le dépôt où seraient détenus les déportés jusqu'au moment de leur embarquement. Le ministre de la justice et le ministre de la marine étaient chargés de l'exécution de ce décret.

Bien que cette loi ni ce décret n'aient jamais été mis en vigueur, la guerre avec l'Angleterre ayant d'abord empêché nos navires de gagner Madagascar, et plus tard le Code pénal de 1810 ayant par ses

---

(1) Voir le rapport de Gouly dans la réimpression du *Moniteur de la Convention nationale*. — Tome V, Séance du 11 brumaire an II, numéro du 3 novembre 1793, pages 323 et 324.

articles 269 et 282, abrogé la loi du 24 vendémiaire (1)
nous nous sommes permis de nous étendre un peu
sur ce point, car on verra en étudiant la loi du
27 mai 1885 qu'à l'heure actuelle plusieurs des dispositions de la loi du 24 vendémiaire et du décret de
brumaire an II, ont passé dans notre législation, et
aussi parce que de 1793 (2) à 1854 en matière de
transportation pénale, tout a consisté en France dans
des projets qui n'ont pas été suivis d'exécution.


SECTION III

*De la transportation pénale en Angleterre. —*
*Fondation de l'Australie (1787-1868).*

Avant d'examiner les diverses propositions qui,
sous la Restauration comme sous le régime de Juillet,

(1) Voir sur ce point *Répertoire de Jurisprudence* de Merlin (Paris 1885
au mot Transportation. Tome XIV, pages 141 et suivantes.

(2) Nous ne parlerons pas comme ne rentrant nullement dans notre)
sujet de la loi purement politique du 19 floréal an II, d'après laquelle la
peine de la déportation pouvait être prononcée par les tribunaux criminels à temps ou à perpétuité contre les personnes ; « dont l'incivisme
aurait été un sujet de trouble ou d'agitation. »

Pour le même motif, nous passons aussi sous silence la loi du
27 germinal de l'an IV qui punissait également de la déportation toute
personne convaincue d'avoir par des discours ou par des écrits provoqué
le rétablissement de la royauté, mais dans le délit de laquelle le jury
avait déclaré qu'il existait des circonstances atténuantes.

furent faites aux Chambres pour en revenir aux principes de 1791 ; il faut pour un instant, quitter notre pays et parler de la colonisation pénale anglaise.

Tous les orateurs en effet qui de 1815 à 1848 ont demandé qu'on inscrivit de nouveau dans nos lois de répression, la peine de la transportation, se sont appuyés sur le merveilleux et tentant exemple de l'Australie ; et il serait difficile de les comprendre si on ne connaissait, au moins dans les grandes lignes, les résultats obtenus par l'Angleterre, grâce au courage et à l'énergique persévérance d'hommes tels que le commodore A. Philipp ou le colonel Macquarie.

## § I

### *De la transportation pénale en Angleterre antérieurement à 1797 (1)*

Lorsqu'en 1786 le commodore Philipp fut nommé gouverneur de cette partie de l'Australie appelée la Nouvelle Galles du Sud et qu'il fut chargé d'y conduire huit cents convicts, il y avait déjà près de deux siècles que la transportation pénale était avec la

---

(1) Pour plus de clarté, nous avons divisé cette partie de notre thèse en quatre paragraphes : 1º De la transportation pénale en Angleterre avant 1787 ; 2º L'Australie à l'origine. Gouvernements de Philipp et de Macquarie 3º Bill de 1838 ; et bill de 1847 4º Bill de 1857 fin de la transportation pénale en Australie.

potence le principal moyen employé par les Anglais pour se débarrasser du rebut de leurs bourgs et de leurs comtés.

Sans nous étendre sur les essais faits, sous les règnes d'Élisabeth et de Jacques Ier, rappelons que Charles II (1) investit les juges du pouvoir d'exiler pour la vie dans l'une des possessions de l'Amérique, les vagabonds et les brigands qui désolaient alors le Cumberland et le Northumberland.

Enfin en 1718 un bill du parlement décréta que l'on enverrait dans l'Amérique Septentrionale tous les individus condamnés à au moins trois ans de prison.

Le bill de 1718 procura pendant près d'un demi-siècle à l'Angleterre la sécurité intérieure. Abusée par cette tranquillité momentanée, elle en vint à négliger même d'entretenir les prisons, à quoi cela eut-il d'ailleurs servi et n'était-il pas bien plus simple et bien plus pratique de reléguer au delà des mers tous ces gens de sac et de corde qui étaient la terreur de la mère patrie. Seulement, si en Angleterre cette mesure jouissait d'une très grande popularité ; les colons américains avaient sur ce point une opinion différente ; et l'on connaît le mot célèbre de Franklin : « Peut-on nous contraindre à recevoir des chargements de vipères. » Et il ajoutait « que dirait l'Europe si nous lui envoyions nos serpents à sonnettes. »

(1) Voir sur ce point Barbaroux *op. cit.* page 112.

La métropole ne se fut probablement pas arrêtée devant ces plaintes et ces récriminations si la guerre d'indépendance qui éclata en 1774 n'était venue la forcer à suspendre tout convoi de malfaiteurs à destination du Maryland ou de l'état de New-York.

Comme rien n'était préparé pour remplacer ce mode pratique et peu coûteux de vider les prisons, la criminalité augmenta avec une rapidité inouïe et prit bientôt de telles proportions que les bagnes et les geoles britanniques ne suffirent plus à contenir les bandits qui ravageaient les villes et les campagnes.

Pour lutter contre ce fléau, pour assurer le repos des honnêtes gens ; des moyens aussi divers que bizarres furent imaginés et il y eut des réunions publiques où une foule immense acclama avec enthousiasme des orateurs proposant de mettre en rapport forcé avec les anthropophages les condamnés pour crime et de décimer les filles publiques.

Devant ce grand mouvement de l'opinon, le gouvernement se décida à remettre en vigueur le bill de 1718, qui n'avait jamais été abrogé, et puisqu'on ne pouvait plus avoir recours à l'Amérique, on résolut de transporter les convicts dans un pays immense qui n'était guère à cette époque connu que par les récits du capitaine Cook.

## § II

*L'Australie à l'origne. Gouvernements des Philipp*
*et de Macquarie (1)*

Un ordre du conseil en date du 6 décembre 1786 (2)
nomma le commodore Philipp gouverneur de la
Nouvelle Galles du sud et des îles adjacentes qui
étaient désignées comme lieu de déportation et le
13 mai 1787, Arthur Philipp partit, non pas pour
conquérir un nouveau monde à la civilisation, mais
simplement pour débarrasser sa patrie d'une popu-
lace aussi immonde que dangereuse. Les Anglais, à
cette éqoque, ne songeaient nullement à créer
une colonie, ils tenaient seulement à nettoyer leurs
prisons.

Notre intention n'est pas de recommencer après
Messieurs de Blosseville et Michaux, l'histoire de
l'Australie, notre seul but est d'exposer le plus brière-
ment possible, les différents systèmes qui, de 1787 à
1868, furent employés par les gouverneurs de l'Australie pour dompter les convicts et les ramener peu à
peu au bien. Toutefois on ne saurait passer complète-

(1) Voir sur toute cette matière, M. Michaux, la *question des peines
op. cit.*, pages 27 à 161 ; Voir aussi marquis de Blosseville, *la colonisation
pénale de l'Australie* et M. Paul Leroy-Beaulieu, *la colonisation chez les
peuples modernes.*

(2) Georges III, était alors dans sa vingt-quatrième année de son règne.

ment sous silence l'expédition de Philipp, car elle est le plus frappant exemple de l'intelligence, du courage et de l'énergie indispensables pour que des tentatives de ce genre puissent réussir.

L'escadre commandée par Philipp se composait de onze vaisseaux, dont deux seulement faisaient partie de la marine royale, le Sirius et le Suppley. — Après huit mois d'une traversée des plus pénibles, Philipp débarqua à Botany-Bay et fonda au port Jackson, le vingt-cinq janvier 1788, la ville de Sydney (1).

Il est impossible de se faire une idée des obstacles que rencontra Philipp dans son œuvre de civilisation. Rien n'avait été préparé pour le recevoir, il manquait de vivres, de gardiens, de matériel et cependant avec sa tenacité saxonne, il n'eut pas une minute de désespoir, pas un instant d'inquiétude sur l'avenir de sa mission. Il conçut de suite ce plan grandiose, régénérer les misérables dont il avait la garde, faire des citoyens, des pères de famille de ceux qui hier encore étaient la plaie et la terreur de la vieille Angleterre.

Lorsqu'il fonda Sydney, il eut à résister à une véritable révolte et pour se défendre, pour remédier au manque de soldats, il ne craignit pas d'armer ceux

(1) Le commodore Philipp emmenait avec lui 168 hommes, 192 femmes et 18 enfants condamnés à la transportation. Le nombre des soldats de marine qui l'accompagnait ne s'élevait qu'à 168.

des condamnés qui étaient restés neutres. Subissant son ascendant, ces malheureux, fiers de la marque de confiance qu'il leur donnait, se rallièrent autour de lui, firent preuve d'une fidélité absolue, et, quand grâce à leur concours, la rébellion eut été réprimée, ils mirent au travail la même ardeur qu'ils avaient montrée en combattant leurs anciens compagnons de vice et de débauche.

Cette première épreuve heureusement traversée, on se trouva de nouveau en présence de mille difficultés ; les récoltes manquèrent, les épidémies s'abattirent sur cette population minée par la misère et les fatigues d'une trop longue traversée. On n'était même pas reconforté par les nouvelles de la mère patrie et un moment, on put se croire complètement oublié ou abandonné par elle et ce fut seulement plus de deux ans après le jour du débarquement à Botany-Bay que le navire transport « *Lady Justinia* » entra en rade de Sydney.

Durant cette longue période, Philipp, malgré tous ses soucis, malgré la famine, malgré la mortalité, qui, à une époque monta au chiffre énorme de vingt pour cent par an, avait accompli de véritables prodiges. Il avait décrété pour tous les convicts le travail obligatoire et sous la surveillance rigoureuse des soldats, de grands travaux de défrichement avaient été commencés.

Avec l'arrivée de renforts et de convois, non plus
seulement de convicts, mais aussi de colons libres,
l'œuvre de Philipp s'aggrandit, et quand, brisé de
fatigues, il revint en 1792, jouir en Angleterre d'un
repos bien gagné, il pouvait emporter l'assurance
que la prospérité de l'Australie n'était plus qu'une
affaire de temps.

Nous ignorons si l'Angleterre a fait à ce vaillant
soldat les honneurs de Westminster, mais si on lui
a accordé cette juste récompense de ses travaux, si on
lui a donné une place à côté des Pitt et des Vellington,
il est permis d'affirmer que bien peu de ceux qui
reposent à ses côtés quels que soient leurs services,
quelle que soit leur gloire, ont fait plus que lui pour
la grandeur et la fortune de la patrie.

Assurément les successeurs de Philipp, furent, pour
la plupart des hommes d'une haute valeur, mais sans
les rabaisser on peut dire que tous, même Macquarie,
ne furent que ses continuateurs et n'eurent pour
réussir, qu'à suivre ses leçons et ses exemples.

Il serait trop long de s'étendre sur le développement
du monde austral et sur la richesse à laquelle il par-
vint, grâce aux Paterson, aux Hunter, aux King, aux
Bligh, aux Macquarie, aux Darling et aux Bourke (1).

(1) Disons seulement que de 1787 à 1838, l'Angleterre transporta en
Australie 102.957 convicts et que l'émigration libre dans la même période,
atteignit le chiffre de 61,425 (savoir 2,976 jusqu'en 1825 ; 5,175 de 1825 à
1829 ; 53.274 de 1829 à 1839).

Le but de notre étude n'est pas d'ailleurs de développer leur système économique et colonial, aussi nous terminons ce paragraphe en disant quelques mots de l'assignation, qui, d'après certains criminalistes (1) est encore la meilleure solution qu'on ait trouvée au problème de la colonisation pénitentiaire.

Le système de l'assignation remonte au gouvernement du commodore Philipp ; dès les commencements, en effet, les officiers chargés de la garde des condamnés avaient obtenu qu'on leur remit, comme travailleurs un certain nombre de condamnés auxquels on donna le nom d'engagés ou d'assignés (2).

Avec l'arrivée de colons libres l'assignation se développa et se régularisa. Voici d'après Mérivale la manière dont les choses se passaient (3). « Les déportés, dit-il, sont divisés en Australie et à Van

En 1807, on exportait de Sydney, 245 livres de laine mérinos.

En 1821, l'exportation atteint le chiffre de 100.000 livres ; en 1830, 3.564.582 et 7 millions en 1840. — En 1820, les convicts possédaient un capital commercial engagé de 150.000 livres sterling et leur production s'élevait à 1.123.000 livres. D'après Merivale, l'Angleterre en 1840 exportait pour la Nouvelle Galles du Sud pour 1.176.000 livres sterling, de marchandises (Voir sur ce point, On colonies par Merivale, Londres, 1860). Macquarie, gouverneur de l'Australie de 1810 à 1821, fonda une banque dont le capital s'élevant à 2.500.000 francs fut couvert en quelques jours ; il fonda l'assiette de l'impôt et la première caisse d'épargne. Notons que le huitième du revenu total de la colonie était affecté à l'instruction publique. Pour plus de détails, voir M. Michaux, la *question des peines*, pages 62 à 89.

(1) Voir Joseph Reinach. *Les récidivistes*, page 165.

(2) Les simples officiers avaient droit à dix engagés.

(3) C. f. Paul Leroy-Beaulieu, *op. cit.*, page 423

Diemen (1) en deux classes principales : la première, de beaucoup la moins nombreuse, comprend ceux qui restent réunis dans les pénitenciers et sont pour la plupart, employés aux grands travaux publics de routes et de ports. On les utilise pour la confection de ces ouvrages indispensables aux colonies et qui constituent ce qu'on appelle *preparatory Works*, ou simplement *The preparation*. — Ils y rendent des services inappréciables (2). — Les convicts de la seconde classe, les plus nombreux, sont assignés ou livrés aux colons comme serviteurs astreints au travail. — 26.000 sur 40.000 transportés en 1840 dont 8.000 bergers.— Le colon, près duquel ces convicts sont assignés, leur doit la nourriture, le vêtement, le coucher et les soins hygiéniques. Leur ration journalière est fixe. Tous les ans les maîtres doivent adresser à l'autorité un rapport circonstancié sur le travail et la conduite des convicts à leur service. »

Lorsque ce rapport était pleinement satisfaisant, les convicts pouvaient obtenir un billet de passe ou *ticket of leave*, c'est-à-dire l'autorisation de travailler

(1) Le détroit de Bass et la terre de Van Diemen avaient été découverts par deux Français le géographe Pérou et le capitaine de vaisseau Baudin, mais cela ne nous profita guère et en 1815, Ring occupa, au nom de l'Angleterre, la terre de Van Diemen pour en faire le siège d'un établissement pénal et le colonel Collins avec un certain nombre de prisonniers transférés de Norfolk y fonda la ville d'Hobart-Town.

(2) Voir sur les services qui peuvent rendre les bandes de route, l'opinion de M. Houry actuellement maire de Cayenne, journal *Le Temps* n° du 8 octobre 1886.

pour leur propre compte chez un maître qu'ils indi-
quaient, après que celui-ci y avait préalablement
consenti. — Enfin si l'assigné obtenait une remise de
sa peine ou si celle-ci arrivait à expiration il devenait
libre, mais néanmoins restait en surveillance sous le
nom d'*émancipé* ou *expiré*, et le retour dans la mère
patrie lui était absolument interdit.

En résumé, jusqu'à la grande enquête de 1838, la
filière par laquelle passait le condamné à la transportation était la suivante :

1° En attendant le départ du navire qui devait
l'emmener, il était emprisonné à bord d'un ponton ;

2° Débarqué dans la colonie, il était mis en surveillance dans un bagne ;

3° Après un court séjour au bagne il était enrôlé
dans les bandes de route ;

4° Si sa conduite dans les bandes de route était
satisfaisante, il lui était permis d'aller travailler chez
un colon a titre d'assigné ;

5 Si là encore, il faisait preuve de résignation et
d'ardeur au travail le *tiket of leave* lui était concédé ;

6° S'il arrivait au terme de sa peine, il retrouvait la
liberté, mais seulement dans la colonie, tout retour
dans la métropole lui était interdit.

Une dicipline de fer (1) maintenait les rebelles et le

(1) Jusqu'en 1833, le maître colon libéré ou d'origine libre eut tout
pouvoir pour châtier l'assigné ; à partir de 1833, la fustigation ne put plus

fouet châtiait cruellement les insoumis. Dans le paragraphe suivant, on verra les critiques faites au point de vue pénal par le système que nous venons d'exposer et les modifications qui y furent portées par le bill de 1847.

## § III

### *Enquête de 1838 et Bill de 1847*

Malgré les avantages de l'assignation, malgré les bons résultats qu'elle avait donnés, il est certain qu'elle présentait un très grave inconvénient, celui de faire dépendre le sort des condamnés de la volonté, du caprice, du caractère des maîtres auxquels ils étaient livrés. Il arrivait souvent que le moins coupable était soumis à d'odieux traitements et que le plus criminel était confortablement traité. Selon une expression un peu trop absolue de l'enquête de 1838 : « L'assignation était devenue soit un esclavage plus douloureux et plus immoral que tout autre, soit une criminelle association pour le vol et le brigandage. »

En même temps que certains reprochaient à la peine d'être trop sévère, d'autres soutenaient l'inverse, disaient qu'elle n'était pas assez intimidante et que la

être appliquée que par ordre du magistrat et le nombre des coups ne dut pas dépasser 50.

terreur du châtiment diminuant, le nombre des crimes augmentait.

Il est néanmoins certain que ces objections n'eussent pas été pour l'Angleterre un embarras sérieux, si les plaintes et les récriminations des colons libres n'étaient venues s'y ajouter.

L'opinion publique s'émut et en 1837, une commission d'enquête fut nommée ; cette commission, qui comptait parmi ses membres des hommes d'état tels que lord John Russel et sir Robert Peel, ne remplit pas complètement sa tâche ; elle eut le tort de s'émouvoir des clameurs qui s'élevaient de toutes parts, et malgré les merveilleux résultats obtenus, ne s'arrêtant qu'aux petits côtés et aux vices très exagérés du système, elle aboutit aux conclusions suivantes :

1° Supprimer dans un court délai toute transportation à la Nouvelle-Galles du Sud et à Van Diemen ; pour le moment restreindre simplement les envois de condamnés à destination de ces colonies ;

2° Supprimer absolument l'assignation et employer tous les convicts, en force de travailler, à des ouvrages d'utilité publique ;

3° Maintenir la transportation, mais seulement dans des pays où il n'y aurait aucun établissement de colons libres ;

4 Concentrer les condamnés dont la peine excéderait quinze ans dans des pénitenciers spéciaux

établis à l'île de Norfolk et dans la presqu'île de Tasman ;

5° Etablir par voie législative le régime et la discipline des transportés afin de mettre un terme au long arbitraire qui jusque là avait été en usage ;

6° Envoyer dans des colonies pénitentiaires dans un laps de temps à déterminer les convicts libérés. *Report from the select comitee of the house of commons on transportation by W Molesvvorth chairman of the comitee*. Hansard, Londres, 1838 (1).

Tout ce tapage aboutit simplement à la suppression de l'assignation et aussi à l'envoi de convicts dans la Nouvelle-Galles du Sud ; en outre, les condamnés au lieu de partir presque de suite pour les colonies, durent préalablement subir sur les pontons un temps d'épreuve durant lequel ils étaient employés à des travaux d'utilité publique.

La question n'était donc nullement tranchée et de 1838 à 1847, elle ne cessa d'occuper la presse et les Chambres. En 1847, fut rendu le fameux bill qui, selon M. Michaux, est un « des meilleurs comme esprit qu'on ait eu, qui pouvait avec un peu d'efforts devenir un modèle et qui succomba sous des critiques injustes et des jugements prématurés » (2).

---

(1) Voir encore sur ce point : *Colonial constitution, of the constitutional history and existing governements of the bristish dependencies*, par Arthur Mills.

(2) M. Michaux, *La question des peines,* op. cit., page 97.

Ce bill de 1847 divisait le châtiment en quatre périodes :

1° Emprisonnement cellulaire durant huit ou neuf mois au plus (Cet emprisonnement devait être subi dans les prisons nouvelles de Pentonville et de Milbank) ;

2° Probations ou épreuves en Angleterre dans un établissement de travaux publics. Les principaux de ces établissements étaient Portland et Portsmouth. Le condamné était isolé durant la nuit et pouvait s'amasser un pécule. C'est cette période de probation à laquelle on donne le nom de servitude pénale ;

3° Transportation en Australie avec *ticket* ou promesse de *Ticket of leave* ;

4° Rachat de la liberté conditionnelle contre un pécule formé de retenues sur les salaires gagnés sous le régime du *Ticket*.

On peut penser avec M. Michaux que jamais système pénitentiaire ne fut établi sur des bases plus solides. Le bill de 1847 est le modèle du genre, tout a été prévu, rien n'a été oublié. Le condamné reste en cellule juste le temps nécessaire pour se recueillir et réfléchir sur la vie nouvelle qu'il va commencer.

La période de probation est également des plus utiles. Il refait ses forces, il se prépare par des travaux en plein air aux fatigues de l'existence coloniale. La servitude pénale telle qu'elle était instituée par le bill de 1847 était d'ailleurs assez dure, assez sévère pour que le désir le plus vif du condamné fut de l'abréger autant que possible. Il était le maître de la faire cesser par sa bonne conduite. Pour tous ceux qui se soumettaient avec résignation et courage à leur sort, on réduisait en effet le temps d'épreuves dans une proportion considérable.

Pour beaucoup, surtout pour ceux qui ne laissaient aucune famille derrière eux, le jour du départ était presque un jour de délivrance. On avait eu soin de leur enseigner la géographie du pays qui allait leur tenir lieu de patrie, on leur avait donné les renseignements essentiels sur la région qu'ils devaient habiter pour toujours et ils ne quittaient pas l'Angleterre sans être munis d'un petit pécule (1).

Aussi si le bill de 1847 ne donna pas les résultats qu'on était en droit d'espérer, cela tint non pas à son esprit, non pas à un fatal concours de circonstances, mais simplement aux récriminations des colons libres à la fermeture de tous les débouchés.

(1) Le jour du départ on avait même soin de leur faire revêtir un costume autre que celui du pénitencier, afin qu'ils comprissent bien que c'était une vie toute nouvelle, une véritable régénération qui commençait pour eux.

Le seul reproche que l'on peut faire au bill de 1847 est de n'avoir pas mis à la charge de l'État le transport des condamnés ; mais c'est là un grave tort au point de vue colonial plutôt qu'au point de vue pénal. — Nous aurons au point de vue de l'exécution de la loi du 27 mai 1885, à revenir longuement sur ce bill de 1847. Disons tout de suite que selon nous ses principales dispositions sont également contenues dans la loi du 27 mai et dans le décret du 26 novembre 1885.

Ce sont ces plaintes des Australiens, plaintes
devant lesquelles les Anglais, en souvenir de la guerre
de l'indépendance américaine, s'inclinèrent, qui amenèrent l'insuccès du bill de 1847 et la fin de la transportation pénale.


§ IV

*Bill de 1853 et bill de 1857.*
*Fin de la transportation pénale en Australie.*


La discussion qui avait eu lieu devant les chambres anglaises, les conclusions fâcheuses de la grande
enquête de 1838 ne firent que surexciter les passions
des colons. Ils déclarèrent formellement que la transportation à laquelle ils devaient cependant toutes
leurs richesses, était un véritable fléau, qu'eux hommes honnêtes et sans passé judiciaire, ne pouvaient se
résigner à vivre côte à côte avec la lie de tous les
bagnes et de toutes les prisons ; ce n'est pas que les
Squatters australiens n'auraient vivement désiré continuer à recevoir une main d'œuvre peu coûteuse, et
souvent tout aussi laborieuse que celle fournie par
les émigrés volontaires de Londres ou des pays
allemands, mais ceux qui avaient l'influence, ceux
qui se faisaient le mieux entendre, c'étaient non pas
les cultivateurs ou les grands éleveurs perdus dans

l'intérieur des terres, c'étaient les ouvriers des villes.

Ceux-là repoussaient de toute leur force la transportation et on devait finir par s'incliner devant leurs plaintes (1).

A la même époque, tandis que la place diminuait et que l'on ne trouvait plus de colonies pour recevoir les condamnés et les garder à l'expiration de leur peine, la criminalité ne cessait d'augmenter et les Anglais se trouvaient en présence de difficultés semblables à celles qu'ils avaient déjà eues de 1774 à 1786. — Seulement il n'y avait plus aucune Australie en perspective et on dût se décider à aborder le problème de la libération des convicts sur le sol anglais. C'est de là que naquit le bill de 1853. — D'après le bill de 1853, la période d'épreuve qui précède la libération est déplacée, elle ne se passe maintenant non plus dans les colonies, mais en Angleterre même.

M. Bérenger a admirablement résumé les effets du nouveau système : « Le gouvernement, dit-il, ne pouvant plus envoyer les convicts que sur un très

_______

(1) On voulut vers 1841, envoyer des convicts dans la colonie du Cap, les habitants s'y opposèrent avec la dernière énergie et voulurent empêcher d'aborder le Neptune, vaisseau qui transportait les condamnés. — En 1846, la nouvelle colonie d'Australie occidentale récemment fondée et dont la population était purement agricole, sollicita comme une faveur l'envoi de condamnés : seulement le débouché était trop faible. Certaines parties de la Nouvelle-Galles du Sud comme Moreton Bay auraient aussi vivement désiré continuer à recevoir des convicts, mais des raisons politiques les firent sacrifier à leurs bouillants et remuants voisins de Sydney et de Victoria.

petit nombre de points il a fallu, par une disposition législative, restreindre les cas de transportation, c'est ce qui a été fait par un acte du parlement du 20 août 1853.

« Au lieu de sept ans, comme précédemment, cette peine ne peut plus être prononcée que pour quatorze ans au moins, elle peut s'étendre à la vie entière.

« Toute peine qui n'est pas celle de la transportation est qualifiée par cet acte de servitude pénale.

« Or l'article 2 porte que tout individu qui, si le bill n'eût pas été édicté, aurait dû être condamné à la transportation pour une durée de moins de quatorze ans pourra être maintenu dans cette sorte de servitude.

« La Cour de justice a un pouvoir discrétionnaire à cet égard. Ainsi, elle peut condamner, soit à la transportation, soit à la servitude pénale, selon que sa conscience ou ses convictions le lui suggèrent ; seulement, elle ne peut désormais condamner personne à la transportation pour vol ; la peine, dans ce cas, est de quatre ans au moins et de dix ans au plus de servitude pénale.

« Voici comment, d'après le nouveau bill, se convertissent en cette sorte de peine, les condamnations à la transportation pour une durée de moins de quatorze ans.

« Si ces condamnations sont de sept ans, elles sont

converties en quatre ans de servitudes, si elles sont au-dessus de sept ans et inférieures à dix, la conversion est.de quatre ans et pas plus de six.

« Si elles excèdent dix ans, et qu'elles soient de moins de quinze, la servitude pénale leur est substituée pendant six ans et huit ans au plus.

« Elle leur est encore substituée pendant huit ans au moins et dix ans au plus, si la condamnation excède quinze ans.

« Enfin, lorsque la transportation est encourue à vie, la durée de la servitude pénale s'étend à toute la vie également.

« On voit par là, que les limites dans lesquelles le pouvoir discrétionnaire du juge est renfermé, sont excessivement étendues.

« Les condamnés à la servitude pénale subissent leur peine dans toutes les prisons du royaume-uni, où les individus condamnés à la transportation sont aujourd'hui renfermés ; ils sont soumis aux mêmes travaux. »

Tel était l'état de la législation pénale anglaise au premier septembre 1853, et voici, toujours d'après M. Bérenger, comment elle était appliquée :

« Tous les condamnés, quelle que soit la nature ou la durée de la condamnation, sont sujets à deux périodes d'emprisonnement de caractères très différents :

« 1° Un temps déterminé de séparation individuelle (neuf mois);

« 2° Un temps de travail pénal en association.

« L'envoi des condamnés dans les colonies avec un *billet de permis* ou bien la faculté de travailler en état de liberté dans le pays sous certaines restrictions, au moyen d'une licence, peuvent être considérés comme une troisième période d'épreuves à laquelle chaque condamné est soumis avant d'obtenir complètement sa liberté.

Le soin avec lequel l'administration procède pour délivrer ces licences mérite d'être remarqué, et l'on calcule que dans peu de temps, neuf à dix mille convicts subiront leur peine dans le Royaume-Uni et qu'alors le nombre des mises en liberté pourra être annuellement de deux mille. »

(Bérenger : *De la répression pénale, de ses formes et de ses effets,* II^e partie, pages 524 et suivantes, Paris, 1856).

Tout en opérant ces réformes profondes, les hommes d'État et la majeure partie de l'Angleterre tenaient à se réserver la faculté de recourir de nouveau, si le besoin s'en faisait sentir, à la peine de la transportation. Dès 1857, c'est-à-dire quatre ans à peine après l'acte de 1853, un bill voté sur la proposition de sir Georges Grey en revint aux principes de 1847. D'après ce bill, la transportation était maintenue, si l'on

pouvait trouver un débouché sinon on gardait les condamnés à l'intérieur.

La période de probation établie par le bill de 1853
pouvait s'effectuer non plus seulement dans la mère
patrie, mais aussi, et c'était là le point le capital de la
réforme, dans les colonies.

En outre, contrairement à ce qui se passait, même
sous l'empire de la loi de 1853, on ne dût plus transporter aux colonies que des hommes robustes, vigou-
reux, encore capables de travailler. Ce bill de 1857
modifié légèrement par un autre bill de 1864 (1) ne
put pas rendre de grands services (2) du moins au
point de vue de la transportation, car les récriminations des colons devenaient de plus en plus aigres et
de plus en plus menaçantes, à fur et à mesure que la
métropole leur témoignait plus de condescendance.

En 1865, les plaintes de l'Australie et surtout de
l'Anti-transportation league, rappelèrent par leur
ton les célèbres remontrances des provinces-unies
d'Amérique, à la veille de la déclaration d'indépendance. Le gouvernement Anglais eut peur, et, tout en

(1) La principale disposition du bill de 1864 était d'élever à un mini-
mum de cinq années, la durée de la servitude pénale, que la loi de 1857
avait abaissé à trois ans.

(2) Le bill de 1857 maintenait une première période d'emprisonnement
cellulaire de neuf mois et conservait les anciens modes de libération gra-
duée. Notons que de 1853 à 1857 les licences révoquées pour inconduite
ou pour crime ou délit nouveau ne s'élevaient pas à 16 0/0. Si on com-
pare ce chiffre à celui de nos récidivistes actuels, on comprendra, sans
qu'il soit besoin d'insister autrement les avantages du système anglais.

déclarant avec le comte Grey qu'à son avis la transportation était le meilleur mode de répression pénale, il prit l'engagement par l'organe de sir Edward Cardwel de déposer dans l'intervalle de trois ans un bill concernant la suppression totale de la transportation. Bien que ce bill n'ait jamais été voté, l'Angleterre tint fidèlement sa parole et depuis 1868 (1) elle a complètement renoncé à la transportation.

Comme on le voit, si les Anglais ont pris cette résolution c'est à leur corps défendant et uniquement devant les plaintes, on pourrait même dire les menaces de leurs colonies.

Devant la prospérité de l'Australie, devant ces splendides capitales de Victoria, de Sydney ou de Melbourne, quand on se rappelle qu'il y a juste un siècle les seuls habitants de cette superbe contrée étaient quelques sauvages tenant à peine le milieu entre l'homme et le singe et les huit cents convicts, rebuts de l'Angleterre, que le commodore Philipp venait de débarquer à Port-Jackson, on peut affirmer avec le comte Grey que tout cela est le résultat du système pénitentiaire et que c'est là un succès qui affirme l'œuvre, la justifie et l'impose.

Il est donc complètement inexact de dire que l'Angleterre a dû abandonner la transportation, il serait,

______

(1) Le dernier convoi de convicts fut débarqué par le *Houguemont*, en janvier 1868.

comme le faisait remarquer M. Gerville-Réache (1)
dans son rapport à la Chambre des députés, plus juste
de constater que c'est la transportation qui a abandonné l'Angleterre.

L'Angleterre d'ailleurs n'oublie nullement que pendant de longues années la transportation lui a assuré
le repos et la sécurité intérieure, a donné à son commerce les plus vastes et les plus magnifiques de tous
les débouchés ; aussi s'est-elle bien gardée de la
supprimer ; comme en 1786, un simple décret minis-
tériel peut ordonner demain à un nouveau Philipp
d'aller peupler avec les pensionnaires de Pentonville
ou de Milbank une colonie lointaine.

SECTION  IV

*Propositions faites en France au sujet
de la transportation des forçats aux colonies.
Décret du 27 mars 1852.*

Au moment où fut promulgué le Code pénal de
1810, les Anglais étaient les maîtres absolus de la

___

(1) Voir dans les documents parlementaires (Chambre) *Journal officiel,*
n° du 7 juillet 1883, p. 953. Rapport supplémentaire fait au nom de la
commission des récidivistes par M. Gerville-Réache.

mer, notre marine n'existait plus que de nom, nos colonies étaient ou envahies ou tout au moins absolument privées de relations avec la métropole. Dans ces conditions il est facile de s'expliquer comment le législateur dût rester muet sur la peine de la transportation, peine qui, à cette époque, eût été complètement inapplicable.

Cependant le Code pénal ne supprima pas complètement les châtiments extra-territoriaux. Il maintint la peine de la déportation en disant dans son article 17 qu'elle consisterait : « à être transporté et à demeurer à perpétuité dans un lieu déterminé par la loi hors du territoire continental du royaume. » Seulement il négligea de déterminer le lieu où seraient exilés les condamnés et cette disposition ne fut pas exécutée, on remplaça la déportation par l'emprisonnement et une ordonnance royale du 2 avril 1817, affecta l'antique abbaye du Mont Saint-Michel aux condamnés à la déportation qui au nombre d'environ cinquante, se trouvaient alors disséminés dans diverses prisons.

Nous n'avons pas d'ailleurs à insister sur cette peine, car elle frappait, non pas les récidivistes ou les malfaiteurs de droit commun, seuls objets de cette étude, mais les crimes purement politiques (1).

En 1819, les résultats obtenus par l'Angleterre

(1) Voir au *Code pénal,* articles 84, 89, 91, 98, 124 et 126.

au moyen de la transportation décidèrent le gouvernement à nommer une commission chargée d'examiner s'il ne conviendrait pas de substituer la déportation dans les pays d'outre-mer aux travaux forcés.

Cette commission présidée par le comte Siméon aboutit à des conclusions d'après lesquelles, sans repousser la proposition, il convenait cependant de l'ajourner étant données les difficultés de l'exécution et les fortes dépenses que son adoption immédiate entraînerait.

En outre le système de la déportation trouva à cette époque en France un adversaire des plus passionnés ; nous voulons parler du marquis de Barbé-Marbois. On sait que le noble pair avait été jadis par ordre du Directoire, exilé sans jugement, en compagnie de Barthélemy, de Collot d'Herbois, de Billaud-Varennes et de Pichegru à la Guyane. Les souffrances qu'il avait endurées, les tristes souvenirs qu'il avait gardés de cette partie de son existence, en avait fait un ennemi implacable de toute peine d'outre-mer. Non content de combattre avec passion la proposition de substituer la transportation aux travaux forcés, il demanda à la Chambre des pairs, le 30 mars 1819, la suppression de la déportation et son remplacement par n'importe quelle autre peine continentale.

Une commission fut nommée pour examiner le

projet de loi de Barbé-Marbois, et elle aussi se borna à conclure à un ajournement.

Toutefois l'opinion publique s'était emparée de la question et devant l'augmentation croissante de la criminalité, le gouvernement songea à imiter l'Angleterre et à créer un établissement pénal semblable à celui de l'Australie.

A cette époque nous n'avions encore ni la Nouvelle-Calédonie, ni l'Algérie, de plus, la Guyane jouissait d'une réputation aussi exécrable que peu méritée due surtout au récit des victimes du Directoire. Il fallait donc chercher un endroit quelconque assez grand et assez sain pour que l'on pût y transporter les criminels de droit commun ; dans ce but, on envoya deux navires chargés de trouver un lieu convenable à l'établissement d'une colonie pénitentiaire. Ces deux navires quittèrent la France vers la fin de 1825 ; sur l'un d'eux, se trouvait le comte Jules de Blosseville.

A son retour, en 1825, il rédigea pour le ministre de la marine un plan de colonisation, indiquant comme lieu propre à la transportation des malfaiteurs la Nouvelle Zélande.

A tous les points de vue on ne saurait trop déplorer que le gouvernement de la Restauration n'ait adopté les plans de M. de Blosseville qui auraient donné à la France une colonie rivale de l'Australie.

Malheureusement les dernières années du règne de

Charles X furent absorbées par d'autres études et par d'autres soucis que ceux de la colonisation pénale ; et les projets de M. de Blosseville furent totalement oubliés.

Le régime de juillet (1) devait reprendre la question sans plus de succès d'ailleurs que la restauration.

Cependant la question de la colonisation pénale fut en 1843, lors de la discussion du projet de loi sur les prisons, sérieusement abordée et donna même, dans la Chambre des députés, lieu à un débat des plus remarquables.

Lamartine prononça un splendide discours dont on nous permettra de donner quelques extraits : « Ce système (le système de la transportation pénale) nous disent certains hommes séduits par des préjugés d'opposition britannique, ne vaut rien parce qu'il est trop beau, parce qu'il finit par créer un peuple, et quand ce peuple est créé et prospère, il se refuse à recevoir plus longtemps notre écume et se détache de

______

(1) Nous avons passé sous silence comme ne rentrant pas complètement dans notre sujet la discussion qui eut lieu sur la déportation au moment de la réforme du Code pénal en 1832, l'article 17 du Code pénal fut maintenu, seulement on y ajouta le paragraphe suivant : « Tant qu'il n'aura pas été désigné de lieu pour la déportation, ou lorsque les communications seront interrompues entre le lieu de la déportation et la métropole, le condamné subira à perpétuité la peine de la détention. » Une loi du 9 septembre 1835 ajouta à cette disposition que la détention à perpétuité aurait lieu, soit dans une prison du royaume, soit dans une prison située hors du territoire continental dans l'une des possessions françaises qui seraient déterminées par la loi, selon que les juges l'auraient expressément décidé par l'arrêt de condamnation.

la mère patrie. Peut-on je vous le demande, faire dans l'accusation même, un plus magnifique éloge du système des déportations pénales ? Sans doute il n'appartient pas aux hommes de constituer des choses éternelles, mais parce que tout finit s'en suit-il qu'il ne faille rien commencer ? Quoi une colonie pénale qui commença il y a 56 ans par 500 bandits jetés sur une terre étrangère et déserte, finit par rêver l'affranchissement et mérite l'indépendance . Ce serait là un malheur pour la mère patrie ? Ah ! puissions-nous, puissent toutes les nations échouer ainsi dans leurs entreprises ! Le monde est assez large pour qu'on y sème des peuples ; et si cette semence du crime jetée ainsi sur des rivages éloignés et purifiés par des lois sévères, par le travail, par le temps, par la religion, peut faire germer des nations comme l'Amérique , comme l'Australie, comme autrefois les Phocéens ou Carthage, acceptons ce blâme comme la plus magnifique justification de la déportation (1) ».

La Chambre séduite par cette éloquence et par cette puissance de dialectique, décida que : Les condamnés à plus de dix ans de travaux forcés seraient après dix ans d'emprisonnement cellulaire (2) ou cinq ans seu-

____

(1) Discours prononcé par M. de Lamartine dans la séance du 6 mai 1844. Voir du *Moniteur universel*, 7 mai 1844 page 1247.

(2) Lamartine voulait dans tous les cas, réduire l'emprisonnement cellulaire précédant la transportation à cinq ans et M. de la Rochejacquelein à deux ans.

lement, si les tribunaux l'avaient décidé ainsi, transportés hors du territoire continental de la France et demeureraient à la disposition de l'État jusqu'à la complète expiration de leur peine, suivant un mode qui serait ultérieurement fixé par une loi spéciale.

Pour des raisons que nous ignorons, on se pressa peu de porter ce projet devant la seconde Chambre et ce fut seulement en 1847 que les pairs eurent à la discuter. M. Bérenger (2) (de la Drôme), fit à cette proposition une opposition acharnée, et il est difficile de savoir à quelle opinion se fut ralliée la Chambre des pairs si la révolution de 1848 n'était venue mettre un brusque terme à ses travaux.

Le gouvernement de Février devait reprendre plus tôt qu'il ne l'eût désiré, les idées des assemblées du régime de Juillet. Un premier décret du 27 juin 1848 ordonna la transportation dans les possessions françaises d'outre-mer, autres que l'Algérie, des individus ayant pris part à l'insurrection des jours précédents.

Cette mesure de sûreté publique ne fut pas exécutée ; mais néanmoins les tristes événements qui venaient de se passer, la part considérable que les récidivistes et la tourbe des malfaiteurs avaient pris à ces combats. firent comprendre la nécessité absolue de purger notre sol de ces bandits toujours prêts à four-

(2) Voir *Moniteur universel* de 1847, page 920 et pages 1006 à 1017.

nir des soldats aux fauteurs de troubles et de désordres.

M. Odilon Barrot qui occupait alors le poste de
garde des sceaux proposa au prince-président de
nommer une commission chargée d'étudier un projet
de loi destiné à remanier notre système pénitentiaire.
M. Odilon Barrot (1) se demandait surtout : « S'il ne
serait pas possible de placer entre la détention et la
mise en liberté, un régime mixte, qui fut une épreuve
pour le condamné et une garantie pour la société ? Il
ne s'agit point sans doute de reprendre ces colonies
pénales que l'expérience de l'Angleterre a jugées,
mais ne serait-il pas possible, lorsque la peine est
subie, soit entièrement, soit en partie, de substituer
à une surveillance à la fois inefficace et corruptive, à
des mesures illusoires de patronage, une transportation temporaire dans quelque colonie agricole, où la
nécessité du travail et la vie adonnée à l'agriculture
activeraient la régénération que la détention aurait
commencée. »

Comme on a pu le voir, toutes les propositions
faites, tant en 1843 qu'en 1849 (2) ne considéraient

(1) Voir rapport présenté au président de la République par M. Odilon
Barrot, *Moniteur universel* du 4 mai 1849.

(2) Une loi du 8 juin 1850 avait déclaré la déportation applicable aux
cas pour lesquels la peine de mort, abrogée en matière politique par l'article 15 de la constitution de 1848 était édictée.

Cette loi qui pour la première fois en France depuis la loi de vendémiaire, an II, se servait du mot transportation, fixait comme lieu de

la transportation qué comme le complément de la détention cellulaire, c'était une dernière phase dans l'exécution de la peine. Pour notre part, nous avouons préférer de beaucoup le système que l'on va voir inaugurer par la loi de 1854 ; une raison surtout doit faire repousser les théories précédentes, certes on comprend admirablement le système anglais, qui imposait au condamné à la transportation, un emprisonnement cellulaire de neuf mois au maximum ; mais maintenir dans un isolement complet pendant dix ans comme le décidaient les législateurs de 1843 ; pendant cinq ans ainsi que le demandait Lamartine ou même seulement deux ans selon le désir du marquis de la Rochejacquelein, c'est vouloir faire de la colonisation pénale avec un individu brisé, désaccoutumé des travaux physiques et absolument incapables de résister aux fatigues d'une longue traversée et aux ardeurs d'un climat tropical.

Le projet de loi de M. Odilon Barrot était en réalité aussi impraticable que celui de 1844 ; mais son grand mérite c'est d'avoir éveillé sur ce point, l'attention de l'opinion publique et on peut dire que son rapport

déportation deux vallées dans les îles de Tahucta et de Nouka-Hiva qui font partie des îles Marquises.

Trois individus condamnés par le Conseil de guerre de Brest partirent pour Nouka-Hiva en décembre 1851. La peine de ces déportés commuée depuis en celle de bannissement, coûta si nous en croyons M. Bérenger plus de 150,000 francs à l'État.

au prince-président contribua au décret du 27 mars 1852 et à la loi du 30 mai 1854 (1).

Pour arriver plus vite à cette loi de 1854, nous passerons rapidement sur les travaux qui eurent lieu dans le sein de l'Assemblée législative. Rappelons seulement qu'en 1850, une grande commission avait été nommée pour étudier la réforme de notre système pénitentiaire et indiquer les améliorations à y introduire. Cette commission (2) présidée par M. Thiers et dont Léon Faucher était le secrétaire, aboutit aux conclusions suivantes :

1° Rien n'est plus fâcheux, au point de vue de la moralité publique, que le système de l'emprisonnement en commun ;

2° L'isolement cellulaire doit également être repoussé comme entraînant de graves inconvénients tant au point de vue des condamnés qu'au point de vue financier ;

3° Les condamnés de la justice criminelle devront être relégués soit dans une colonie lointaine, soit du moins en Algérie ; cette mesure sera d'abord appliquée aux condamnés aux travaux forcés, puis aux réclusionnaires ;

4° Les condamnés correctionnels à plus de deux

(1) L'établissement pénitentiaire de la Guyane fut créé par un décret du 8 décembre 1851.

(2) Voir sur ce point Barbaroux, *op. cit.* page 11; et rapport à l'Assemblée législative de M. Grelier-Dufougeroux. *Moniteur universel* du 14 juin 1852.

années d'emprisonnement subiront leur peine non plus sur le continent mais en Corse.

Le coup d'État de 1851 vint mettre brusquement terme aux travaux de l'Assemblée législative et Louis-Napoléon Bonaparte sut s'emparer habilement des idées de Thiers et de Léon Faucher, aussi n'est-il que plus nécessaire de rendre justice à ces deux hommes d'État, en reconnaissant que la loi de 1854 est pour le moins autant leur œuvre que celle de l'empereur Napoléon III.

Le 27 mars 1852, le prince-président usant du Pouvoir législatif et constituant qu'il s'était conféré décréta la translation dans notre colonie de la Guyane des forçats qui en feraient la demande. (1) La loi de 1854 que nous allons étudier ne fit que rendre définitive et obligatoire une mesure que le décret n'avait pu que faire provisoire et facultative ; car les détenus auxquels on l'appliquait, n'ayant pas été condamnés à la transportation, auraient pu regarder cette mesure comme une aggravation de peine. Néanmoins plus de trois mille détenus demandèrent immédiatement à partir (2).

(1) Un décret du 8 décembre 1851 avait déclaré la transportation applicable, par mesure de sûreté générale, aux individus coupables de fait d'insurrection ou d'avoir fait partie des sociétés secrètes, à ceux en état de surveillance reconnus coupables de rupture de ban ; à ceux internés ou expulsés du territoire qui se seraient soustraits à ces mesures.

(2) Les lieux désignés étaient Lambessa, dans la province de Constantine et la Guyane. La durée de la peine était fixée à cinq ans au moins et dix ans au plus (art. 1er, § 2, décret du 8 décembre 1851). Les transportés

## SECTION V

### *Loi du 30 mai 1854.*

La loi du 30 mai 1854 fut présentée concurremment par le ministre de la justice et le ministre de la marine, elle fut discutée et votée en une seule séance. Malgré cette absence de débats et de discussion, elle est encore à l'heure actuelle la meilleure loi de transportation que nous possédions, et depuis trente-deux ans qu'elle existe, elle n'a pas cessé de donner d'excellents résultats (1). Certes comme toutes les œuvres humaines, elle peut être sujette à certaines modifications et certains perfectionnements, mais telle qu'elle est, elle n'en reste pas moins le modèle auquel en matière d'expatriation et de colonisation pénale, on sera toujours forcé de se rapporter.

à Lambessa en cas d'insubordination ou de tentative d'évasion pouvaient à titre d'aggravation de peine, être transférés de l'Algérie à la Guyane.

(1) On sait que tandis que la moyenne criminalité a augmenté dans des proportions effrayantes ; la grande criminalité, au contraire, n'a pas cessé de décroître depuis 1854. Dans l'avant dernière période quinquennale de 1875 à 1879, elle avait diminué d'un dixième. On doit dire que le dernier rapport pour la dernière période quinquennale de 1879 à 1884 est moins favorable, sans augmenter la grande criminalité, est restée stationnaire,

La loi du 30 mai 1854 offre ce double avantage d'être à la fois très sévère et très humaine. Un homme énergique, un administrateur du sang des Philipp et des Macquarie peut faire beaucoup avec les forçats qui lui sont confiés. Il a le droit de leur imposer les travaux les plus pénibles, de les employer aux ouvrages les plus durs ; mais à côté de cette rigueur on a tout prévu pour adoucir le sort de ceux qui montreraient une ferme volonté de rentrer dans la voie de l'honnêteté.

L'article 11 est ainsi conçu : « Les condamnés des deux sexes qui se seront rendus dignes d'indulgence par leur bonne conduite, leur travail et leur repentir pourront obtenir :

« 1 L'autorisation de travailler aux conditions déterminées par l'administration, soit pour les habitants de la colonie, soit pour les administrations locales ;

« 2° Une concession de terrain et la faculté de le cultiver pour leur propre compte.

« Cette concession ne pourra devenir définitive qu'après la libération du condamné. »

Ainsi tout l'esprit de la loi se résume en ceci : Pouvoir d'employer les condamnés aux travaux les plus pénibles de la colonisation (art. 2), d'améliorer leur sort, d'en faire de véritables propriétaires, de leur rendre l'exercice de tout ou seulement de partie des droits civils dont ils étaient privés par leur état d'interdiction légale.

Les deux seuls reproches que les criminalistes ont fait à la loi de 1854, sont les suivants : 1).

1° D'après l'article 10, le forçat qui en cours de peine a commis quelque méfait rentrant dans la catégorie des délits ou des grands crimes est traduit devant un conseil de guerre (La loi de 1854 prévoyait l'établissement d'un tribunal maritime spécial exclusivement chargé de juger les condamnés) le conseil de guerrre se trouve en réalité désarmé vis-à-vis des incorrigibles, puisque s'il les condamne à la réclusion, cette peine ne pourra être infligée qu'à l'expiration de la peine principale, c'est-à-dire celle des travaux forcés qui est un châtiment plus élevé que la réclusion et comme le dit M. Léveillé : « Cet arrêt semblera toujours à ces cyniques une sentence fictive puisque s'il opère jamais, il n'opèrera que dans un très lointain avenir ».

2° Le forçat arrivé à l'expiration de sa peine est libéré dans la colonie et à partir de ce moment, l'autorité n'a plus aucune action disciplinaire contre lui. Aussi nos colons sont-ils unanimes à se plaindre de cette foule insubordonnée et oisive qui fait courir à leurs personnes et à leurs biens les plus

(1) Voir sur toute cette matière M. Leveillé, *La Guyane*, *op. cit.* pages 14 et 15.

grands dangers. Tous les officiers de marine qui ont gouverné la Guyane et la Nouvelle-Calédonie, ont dénoncé ce péril qui ne fait qu'augmenter chaque jour.

Il faudrait donc réformer ces deux points de la loi de 1854, créer à Cayenne comme à Nouméa de véritables maisons centrales où l'on soumettrait au régime le plus dur, les forçats qui refuseraient de bien se conduire (1).

Il faudrait encore que le condamné, même libéré reste, au moins, s'il se refuse à tout effort et s'il ne peut subvenir par lui-même à sa subsistance sous la coupe du gouverneur, et qu'on ait le droit d'astreindre au labeur ceux qui sont incapables de gagner leur vie.

(1) Nous ne demandons pas néanmoins qu'on en revienne aux punitions corporelles définitivement supprimées par le décret en forme de règlement d'administration publique du 18 janvier 1880 et dû à l'initiative de l'amiral Jauréguiberry. Ce décret rendu conformément à l'autorisation donnée par l'article 14 de la loi de 1854 règle le régime disciplinaire auquel les forçats sont soumis.

Bornons-nous à dire qu'ils sont divisés en cinq classes (la cinquième classe est exclusivement réservée aux récidivistes), le passage d'une classe dans l'autre est le résultat de bonnes notes ; les condamnés faisant partie de la première classe peuvent seuls obtenir leur libération conditionnelle. Aucun condamné n'est proposé pour l'avancement en classe s'il n'a été effectivement employé pendant six mois aux travaux de sa classe.

Les seules punitions disciplinaires autorisées sont: 1º le retranchement de vin ou de tafia ; 2º la prison pendant la nuit ; 3º la boucle simple on double ; 4º la cellule ; 5º la mise au peloton de correction ; 6º le peloton de correction avec la chaîne simple ; 7º le peloton de correction avec la chaîne à deux ; 8º le cachot avec la chaîne double ou la double boucle.

Chacune de ces peines peut se cumuler avec le renvoi dans une classe inférieure et la privation des salaires.

Nous ferons encore à la loi de 1854, un autre reproche : elle n'a pas fait une sage classification de ceux
qu'elle frappe. On sait qu'en vertu de son article premier tous les condamnés à la peine des travaux forcés
doivent être transportés et que d'après l'article 6, les
individus punis de moins de huit ans de travaux
forcés sont tenus de résider dans la colonie pendant
un temps égal à la durée de leur peine. Si celle-ci
dépasse huit années, ils doivent y résider pendant
toute leur vie.

Il est regrettable que l'on n'ait pas décidé que seuls
les condamnés à plus de huit années de travaux forcés
seraient déportés ; cette mesure eut présenté un
double avantage tant au point de vue de la colonie,
qu'au point de vue de la métropole.

Au point de vue de la colonie, car aujourd'hui,
même pour les adversaires de la transportation, il est
avéré qu'il est impossible d'arriver à de bons résultats,
si l'exilé garde l'espoir de revenir dans sa patrie. Si
l'on veut que le condamné se mette avec ardeur au
travail, si l'on veut qu'il prenne intérêt à la prospérité
de sa nouvelle patrie, il faut qu'il sache bien que c'est
là qu'il doit vivre et mourir, que jamais il ne la quittera.

Au point de vue de la métropole : celui qui sort
d'une maison centrale après une réclusion de cinq
ans, a certainement de grandes chances avec notre
système pénitentiaire actuel de recomparaître prochai-

nement devant les tribunaux. Lorsque nous étudierons
la loi du 27 mai 1885, nous donnerons quelques
extraits de ce merveilleux discours ou M. Valdeck-
Rousseau a fait la plus sanglante et la plus impitoyable
satire de nos prisons, dans lesquelles le condamné loin
de s'améliorer, ne fait la plupart du temps que se
corrompre et se pervertir davantage. Néanmoins le
détenu arrivé au bout de sa peine, quand il l'a subie
en France a encore une légère chance de revenir au
bien, souvent il a appris dans sa geôle un métier ou
même parfois a pu se perfectionner dans le sien. Du
fond de sa cellule, il a pu entrer en relations avec ces
généreux philantrophes qui ont consacré leur existence et leur fortune à l'amélioration de la situation
des prisonniers. Sorti de prison, ceux-ci, peut être,
s'intéresseront à lui et lui fourniront une occupation
qui lui permettra d'éviter de retomber dans ses erreurs
passées. La chance qu'il a pour lui est bien faible,
nous en convenons, mais enfin elle existe, tandis que
on peut l'affirmer hautement, il n'y en a pas pour
celui qui après dix ans de séjour revient de la Guyane
ou de la Nouvelle-Calédonie.

Quoi, voilà un homme qui a passé une longue suite
d'années dans les colonies, il a dû s'habituer à un
climat et à une existence toute nouvelle, il a oublié
totalement les métiers qui en Europe pourraient
l'aider à gagner le pain de chaque jour et quand il

revient en France, on voudrait que, livré à ses propres forces, brisé qu'il est par les fatigues de la traversée, par les épreuves qu'il a déjà dû surmonter, on voudrait qu'il se plie encore une fois à un genre de vie qu'il avait complètement oublié, qu'il recommence au déclin de son existence un véritable apprentissage. Non, quel que soit son courage, quelle que soit sa bonne volonté, il est fatalement perdu, et celui qui en Guyane aura donné les preuves les plus sincères de repentir, rentré en France sera forcément voué à la misère, et la déception le reconduira presque sûrement à la prison ou au bagne.

Et puis pourquoi se montrer si sévère pour une première faute, celui qui n'a pas encore de casier judiciaire et qui dans un moment de jalousie, de colère aura incendié une maison, tué son camarade ou sa maîtresse est, si grand que soit son crime, digne de quelque pitié. Il est certes nécessaire qu'il expie durement sa faute, mais on ne doit pas désespérer de lui. Sorti de prison, il pourra par toute une existence de travail racheter son passé et, selon nous, il est infiniment plus intéressant que le triste sire qui n'a commis que des délits, mais qui néanmoins a bien montré sa ferme intention de ne subsister jamais que des produits du vol ou de la débauche. Nous aurons d'ailleurs l'occasion de revenir sur ce point, sur la différence qui existe entre le *crime profession* et le *crime accident* et que M. Michaux a si admirablement exposé ; et si nous nous sommes étendu aussi longuement sur la loi de 1854, c'est que malgré ses défauts, nous voyons en elle le type de la loi de transportation et qu'il nous faudra forcément la comparer avec la loi de 1885 *(1).*

(1) On sait que la loi du 30 mai 1854 avait décidé dans son article : 1° Que la peine des travaux forcés serait subie, à l'avenir, dans des établissements créés par décret de l'empereur sur le territoire d'une ou plusieurs possessions françaises autres que l'Algérie. La Guyane fut d'abord fixée comme lieu de transportation, nous renvoyons au savant ouvrage de M. Léveillé que nous avons déjà si souvent eu occasion de citer, ceux qui soutiennent que l'européen ne peut se faire au climat de la Guyane, ils verront les résultats qui avaient jadis été obtenus sur cette terre si ingrate par M. de Malouet et plus récemment par M. de Montravel. Quoi qu'il en soit, en 1857 on commença à transporter des forçats en Nouvelle Calédonie et depuis 1867, la Guyane ne reçut plus que des condamnés d'origine africaine et asiatique. — Aujourd'hui l'on pense à envoyer de nouveau les condamnés de race blanche à la Guyane et on enverrait à Obock les forçats arabes ou asiatiques.

Voir sur toute cette matière de la colonisation pénale à la Guyane et des ressources que ce pays présente outre l'ouvrage déjà cité de M. Léveillé, un très intéressant volume d'un officier de marine qui pendant plusieurs années commanda l'établissement pénal nommé la Comté. Cet ouvrage est intitulé : *Un déporté à Cayenne* (Souvenirs de la Guyane) par Armand Jusselain. — Paris, Michel Lévy, 1865.

# CHAPITRE DEUXIÈME

## LOI DU 27 MAI 1885

### SECTION PREMIÈRE

*Origines de la loi du 27 mai*

#### § I
*Enquête de* 1872 (1)

Les journées de juin 1848 ont peut être été pour beaucoup dans la loi de 1854 ; la criminelle insurrection de 1871 a elle aussi considérablement contribué au vote de la loi du 27 mai 1885. Quand on voulût punir cette tourbe sanguinaire qui pour la honte de notre pays et de l'humanité avait été pendant trois mois la maîtresse de Paris ; quand on voulut châtier ceux qui avaient employé leur pouvoir non à améliorer le sort

(1) Nous laissons complètement de côté la loi du 3 avril 1872 et celle du 28 mars 1873 qui avaient organisé la déportation à la Nouvelle Calédonie des condamnés de la Commune. Nous n'avons à nous occuper ici que de la transportation des récidivistes et incidemment de la colonisation pénale. Ces deux lois n'ont donc pas le plus petit rapport avec notre sujet et nous les passons comme nous avons passé la loi du 8 juin 1850.

des classes laborieuses et à préparer le règne du prolétariat, mais à assassiner lâchement les meilleurs citoyens et à incendier des monuments qui étaient l'honneur de notre capitale et l'admiration, pour ne pas dire l'envie, de tous les étrangers, on s'aperçut du nombre considérable de repris de justice qu'il y avait eu parmi leurs soldats. Les vaillants guerriers qui avaient fait preuve des plus brillantes qualités pour massacrer des vieillards sans défense ou pour piller ou détruire les plus beaux quartiers étaient presque tous des récidivistes, des habitués de la Cour d'assises et de la police correctionnelle, des pensionnaires des maisons centrales.

L'Assemblée nationale justement émue d'une pareille situation, ordonna en avril 1872 sur la proposition de M. d'Haussonville qu'une grande enquête aurait lieu au sujet de notre régime pénitentiaire afin de rechercher les remèdes qu'on pourrait apporter au mal dont souffrait notre société. Parmi les questions posées à ce sujet aux Cours d'appel de France une surtout mérite d'attirer l'attention. « La transportation doit elle être appliquée non seulement aux condamnés aux travaux forcés ou doit-elle être appliquée également aux récidivistes et après combien de condamnations ? »

Cette question contenait tout l'esprit de la loi de 1885, vis-à-vis du malfaiteur incorrigible qui refuse toute réconciliation avec la société, vis-à-vis de ces vagabonds comparaissant comme on en a eu des exemples, pour la quarante-cinquième ou la quarante-huitième fois devant les tribunaux, pour toute cette lie, pour cette véritable lèpre des grandes villes toujours prête au mal, devait-on employer le remède énergique de la transportation ? En envoyant tous ces délinquants d'habitude coloniser quelque terre lointaine, parviendrait-on à assurer la sécurité des honnêtes gens, à éviter le retour des honteuses saturnales de mai 1871 ?

Toutes les Cours de France, sans aucune exception, répondirent par l'affirmative. Toutes s'inspirèrent de ces paroles prophétiques de Lamartine « sans la transportation des récidivistes, la loi pénale est une impasse ».

On comprend qu'il est impossible de donner ici l'avis motivé des vingt-sept Cours d'appel, nous citerons cependant la réponse de la Cour de Rennes : « L'opinion unanime de la magistrature, disaient les éminents jurisconsultes de la capitale de la Bretagne, réclame des mesures énergiques contre les récidivistes incorrigibles, les malfaiteurs endurcis, qui, hôtes habituels des prisons, y enseignent à de moins corrompus qu'eux, les perversités dont ils se hâtent de reprendre le cours à chaque libération nouvelle. Les uns escrocs, vagabonds, contrebandiers, proxénètes, forment les cadres tout préparés des hordes sauvages qui épouvantent notre époque aux jours de commotion sociale ; les autres moins dangereux, peut-être, bravent impudemment une loi dont les rigueurs ne suffisent pas à les émouvoir.

« A cette catégorie, appartiennent les gens qui se font arrêter à l'entrée de l'hiver, les docteurs en droit pénal, qui ont soin dans leurs nombreuses récidives, de ne pas dépasser les limites de la police correctionnelle.

« On signalait dernièrement dans le report, un récidiviste subissant sa quarante-huitième condamnation à l'emprisonnement.

« De tels hommes n'ont plus de place dans la société. Arrachés à leurs habitudes vicieuses, transportés sous une *ferme discipline*, dans une colonie lointaine, ils trouveraient peut-être à s'y refaire une nouvelle vie. »

...... Après avoir demandé le retour au décret abrogé du 8 décembre 1851, les magistrats de la Cour de Rennes continuaient avec le même bon sens et la même logique : « On pourrait aussi faire mieux que le décret de 1851 en substituant une *transportation indéfinie* à une *transportation d'un terme fixe*. — Il est évident qu'on n'éloigne que les gens dont la société ne peut rien espérer. — Reviendraient-ils en France meilleurs ou plus laborieux, après avoir séjourné cinq ou dix ans à Cayenne ? Pour que le transporté s'attache à la colonie et qu'il songe à s'y faire une existence nouvelle, il ne faut pas qu'il ait devant les yeux une époque qui lui donnera le droit au départ » (1).

Nous citerons encore une partie des conclusions de la Cour de Limoges, parce qu'elle émettait un *desideratum* que nous regrettons vivement de n'avoir pas vu passer dans la loi de 1885 : « Il y aurait lieu, disait-elle, de transporter non seulement les condamnés aux travaux forcés, mais en général les récidivistes. *La faculté devrait-être laissée aux tribunaux répressifs de prononcer* suivant les cas, cette mesure, après trois condamnations à plus d'un an chacune, d'emprisonnement, et *que la transportation devrait être encourue de plein droit* après cinq condamnations dont trois (y compris la dernière), à la réclusion ou à l'emprisonnement pour une durée excédant un an » (1).

Malgré l'avis unanime des Cours d'appel, malgré les souvenirs du Code pénal de 1791 ; malgré les résultats donnés par la loi de 1854, l'Assemblée nationale se sépara sans avoir discuté la grave question de la transportation des repris de justice incurables. Elle

(1) Voir enquête parlementaire sur le régime des établissements pénitentiaires (1874). Extraits des rapports des Cours d'appel de France, tome IV, pages 219 et suivantes.

(1) *Ibid.*, page 177.

crût qu'auparavant, il fallait attendre les effets de la loi qu'elle avait votée en 1875 sur l'emprisonnement cellulaire et aussi de celle qu'elle avait adoptée en 1873 et 1874 sur l'organisation de la surveillance de la haute police.

Ces deux lois sont certainement fort remarquables. La loi sur l'emprisonnement individuel aurait peutêtre pu produire les meilleurs résultats, et dans tous les cas, elle eût évité de faire des prisons départementales, des écoles de vices ainsi que tous les criminalistes l'ont tristement constaté. Seulement cette loi dont la charge était laissée aux départements eût coûté si cher à exécuter, il eut fallu dépenser un si grand nombre de millions pour adapter au système cellulaire, ces prisons départementales, installées la plupart du temps dans d'antiques couvents ou dans de vieux châteaux, qu'à l'heure actuelle elle est encore tenue pour non avenue dans les neuf dixièmes des départements français.

Quant à la loi du 30 janvier 1874 concernant la surveillance de la haute police, il est évident que les modifications qu'elle apportait aux articles 44, 46, 47 et 48 du Code pénal, étaient des plus heureuses, et pour nous, il est excessivement fâcheux que cette loi ait été abrogée par celle du 27 mai 1885.

Néanmoins les mesures qu'elle édictait étaient impuissantes à elles seules pour guérir cette plaie de la

récidive dont notre société est si profondément
atteinte.


## § II

### *Propositions Jullien ; Waldeck-Rousseau ; Fallières.*


Si l'Assemblée nationale s'était séparée sans avoir
voté une loi de transportation contre les repris de
justice ; si les assemblées qui lui succédèrent, préoc-
cupées surtout de fortifier le nouveau régime auquel
la France avait remis ses destinées, ne purent trouver
le temps nécessaire à la discussion d'une question
aussi grave que celle de la répression de la récidive.
L'opinion publique elle, s'inquiétait de plus en plus
du flot toujours croissant de l'armée du crime. Dans
la presse, dans les réunions publiques, on demandait
qu'il soit pris des mesures décisives contre les récidivistes (1).

Une très courte statistique fera voir la rapidité avec
laquelle le mal se propageait.

Le nombre moyen annuel des délits communs jugés
par les tribunaux correctionnels étaient :

(1) Les conseils généraux eux-mêmes s'en mêlaient ; c'est ainsi que
dans sa séance du 27 avril 1879, le conseil général du Cher émit le vœu
suivant : « Le conseil émet le vœu que tout individu condamné trois fois
pour vagabondage, puisse lors d'une quatrième condamnation, être mis à

De 1826 à 1830 . . . . . . .      41.140
De 1831 à 1835 . . . . . . .      46.496
De 1851 à 1855 . . . . . . .     124.560
De 1856 à 1860 . . . . . . .     122.532
De 1871 à 1875 . . . . . . .     132.623
De 1876 à 1880 . . . . . . .     146.024 (2)

Le nombre moyen annuel des prévenus de délits quelconques en état de récidive légale pendant les mêmes périodes, était :

De 1826 à 1830 . . . . . . .       4.101
De 1831 à 1835. . . . . . . .       6.810
De 1851 à 1855. . . . . . . .      32.618
De 1856 à 1860 . . . . . . .      40.332
De 1871 à 1875. . . . . . . .      60.184
De 1876 . 1880 (1) . . . . . .      70.831

A côté de cette augmentation véritablement effrayante du nombre des délinquants, la statistique des condamnations pour crime offrait un spectacle infiniment

la disposition du gouvernement, par décision spéciale du tribunal pour être employé aux travaux de nos colonies. »

(2) Cette statistique ainsi que les suivantes sont extraites du compte général de l'administration de la justice criminelle en France pour 1880. Le dernier compte annuel présenté tout récemment à M. le président de la République par M. Demôle, garde des sceaux, signale au point de vue correctionnel la même augmentation. C'est ainsi que le chiffre des délinquants poursuivis devant les tribunaux correctionnels s'est élevé en 1882, au chiffre de 172.936 ; en 1883, à 179.729 et enfin en 1884 à 184.949.

(1) Pour l'année 1884 le nombre des récidivistes en matière correctionnelle s'est élevé au chiffre de 89.169 ; aussi M. Demôle constate-t-il dans son rapport que cette augmentation justifie pleinement la loi du 27 mai 1885.

plus rassurant. Nous plaçant toujours au moment où furent déposées les diverses propositions d'où est sortie la loi du 27 mai 1885, nous donnons ici le tableau de la criminalité d'après le compte général de 1880 comme nous l'avons fait plus haut pour les délits.

Le nombre moyen annuel des individus accusés de crime a été sans défalcation du chiffre des acquittés, savoir :

De 1826 à 1830. . . . . . . . 7.130
De 1831 à 1835. . . . . . . . 7.466
De 1851 à 1855. . . . . . . . 7.104
De 1856 à 1860. . . . . . . . 5.383
De 1871 à 1875. . . . . . . . 5.072
De 1876 à 1880 (1). . . . . . 4.374

Il suffit de jeter les yeux sur ce tableau pour voir la décroissance qui se produit dès l'année 1855, c'est-à-dire au moment où la loi du 30 mai 1854 a été appliquée ; les partisans de la transportation ne peuvent pas, ce nous semble, opposer une meilleure et plus irréfutable réponse à leurs adversaires. En vain, ces derniers objecteraient-ils que la correctionnalisation de certains délits a pu amener ce résultat, les dates sont là pour les confondre. Et ce n'est pas.

---

(1) Sur 3.614 accusés traduits en Cour d'assises durant l'année 1884, le nombre total des récidivistes s'est élevé à 1608, soit 52 0[0 ; le nombre des récidivistes en matière correctionnelle n'était que de 43 0[0.

seulement la grande criminalité qui a diminué depuis
la loi de 1854, c'est aussi le chiffre des accusés de
crime, en état de récidive légale ; leur nombre
moyen était :

De 1826 à 1830. . . . . . . . .   1.107
De 1831 à 1835. . . . . . . . .   1.386
De 1851 à 1855. . . . . . . . .   2.314

On voit combien le mouvement de progression
était rapide et ce qu'il y a de plus intéressant à
constater c'est la rapidité avec laquelle ce mouvement de progression s'arrêta et tourna en sens
inverse dès le vote et l'application de la loi sur la
transportation. En effet, dans la période de 1856 à
1860, ils tombent au chiffre de 1923 ; de 1871 à
1875 à celui de 1858 ; de 1876 à 1880 à celui de
1656.

Ces résultats de la loi de 1854 ; l'opinion unanime
des Cours d'appel en faveur de la transportation
devaient forcément conduire nos législateurs à adopter pour la moyenne criminalité, ce qui avait si bien
réussi vis-à-vis de la grande. La majeure partie des
crimes 50 % et des délits 40 % (1) étant commis
par des récidivistes, c'étaient ceux-ci qu'il fallait
frapper, exiler du sol de la patrie ; au moins la
sécurité des rues serait assurée et peut être changés de

(1) Nous avons vu à la page précédente que pour l'année 1884, les récidivistes en matière criminelle avaient été de 52 % et en matière correctionnelle de 53 %.

milieu et d'habitude ces misérables pourraient-ils se régénérer ? Ce fut dans cet ordre d'idées qu'à la fin de 1881 et au commencement de 1882, Messieurs Jullien et Waldeck-Rousseau (1) déposèrent deux propositions de la loi relatives à la transportation des récidivistes.

La proposition de M. Jullien différait surtout de celle de M. Waldeck-Rousseau en ce qu'il laissait aux tribunaux la faculté de prononcer ou de ne pas prononcer la peine de la déportation et qu'il fixait son maximum à vingt ans : Messieurs Waldeck-Rousseau et Martin Feuillée voulaient au contraire qu'elle fut obligatoire et perpétuelle.

Le 25 novembre 1882, M. Fallières, alors ministre de l'intérieur et M. Devès, garde des sceaux, déposèrent à leur tour un projet de loi qui s'inspirait en très grande partie des idées de Messieurs Waldeck-Rousseau et Martin-Feuillée, seulement ils demandaient qu'on substituât le mot relégation au mot transportation. D'ailleurs dans l'étude des débats d'où est sortie la loi du 27 mai 1885, on verra en quoi ces différents projets et propositions s'écar-

(1) La proposition de M. Jullien se trouve à l'*Officiel* du 1er décembre 1881, *Documents parlementaires*, pages 161 ; celle de M. Waldeck-Rousseau se trouve à l'*Officiel* du 9 mars 1882, n° 67, pages 429 et suivantes (*documents parlementaires*, Chambre) ; elle avait été présentée dans la séance du 16 février 1882. — Le projet de loi de M. Fallières et de M. Devès se trouve à l'*Officiel* du 25 novembre 1882, n° 322, *Documents parlementaires*, Chambre, page 2406. Il avait été présenté dans la séance du 11 novembre.

taient ou se rapprochaient les uns des autres et qu'elles furent les solutions adoptées par le parlement.

SECTION II

*Discussion devant la Chambre des députés (1).*

Lorsque dans le courant du mois d'avril 1883, la Chambre commença la discussion des diverses propositions concernant la transportation des récidivistes, elle avait à prendre une décision sur quatre points principaux :

1° Devait-on admettre le principe de la relégation soit temporaire, soit perpétuelle des malfaiteurs d'habitude ?

2° Ce principe admis , la relégation serait-elle facultative ou obligatoire pour le magistrat ?

3° A quelles catégories de récidivistes serait-elle imposée ?

4° A quel régime seraient-ils soumis dans la colonie, où on les expatrierait ?

Assurément dans les débats qui ont précédé le vote

(1) Pour la discussion devant la Chambre des députés voir les numéros du *Journal officiel* des 22, 27, 29 avril, 2 et 9 mai 1883 (1re délibération) et 22, 24, 26, 27, 29 et 30 juin 1883 (deuxième délibération).

de la loi du 27 mai 1885, une foule d'autres questions
furent abordées, mais néanmoins en faisant abstrac-
tion des choses secondaires, on peut dire que ces
quatre points renferment toute la loi ; ce sont donc
sur eux que nous devrons insister, nous bornant
à mentionner brièvement les autres décisions contenues dans la loi du 27 mai (1).

§ i

*Discussion sur le principe même de la relégation.*

La peine de l'expatriation forcée des malfaiteurs
d'habitude rencontrait parmi les députés deux catégories d'adversaires. Les uns lui reprochant d'être
trop douce et trop attrayante ; les autres au contraire d'être trop sévère et trop inhumaine. On l'accusait encore d'être ruineuse pour l'État et d'être
absolument condamnée par l'expérience.

A cela les éminents défenseurs du projet de loi
répondaient :

1° Cette peine ne peut pas être trop douce puisqu'elle vient s'ajouter à une peine principale dont
l'intensité a pu varier suivant la nature du fait à
réprimer ; elle n'est pas trop attrayante non plus et
tous les renseignements fournis par les directeurs

(1) Nous ne ferons à la fin de cette section qu'indiquer brièvement comme ne rentrant que très incidemment dans notre sujet, la disposition de
la loi du 27 mai qui supprime la loi de 1832 et la peine de la surveillance
de la haute police (art 19).

de prisons, sont là pour constater que même les malfaiteurs les plus endurcis redoutent un châtiment qui les éloigne pour toujours du sol natal. C'est ainsi que le directeur de la maison centrale de Fontevrault disait : « Depuis que la loi sur la relégation des récidivistes est à l'étude, j'ai la certitude que beaucoup de repris de justice sont sortis du territoire afin d'en éviter les conséquences. On se tromperait étrangement si l'on supposait que la perspective d'être envoyé à six mille lieues de la métropole sans espoir d'y revenir, ne fera pas diminuer le nombre des récidivistes. Ces derniers, comme tous les français, du reste, tiennent au sol qui les a vu naître, malgré l'existence misérable qu'ils y ont menée le plus souvent.

J'ai la certitude la plus complète que lorsqu'on saura dans les maisons centrales que la loi sur la relégation des récidivistes est rigoureusement appliquée, le nombre des malfaiteurs diminuera sensiblement » (1).

D'ailleurs ceux qui trouvaient cette peine trop douce étaient une infime minorité, on lui reprochait beaucoup plus volontiers d'être trop sévère et l'honorable M. Martin Nadaud (2) déclarait que

____

(1) Voir discours de M. le ministre de l'intérieur, *Journal officiel* du 6 février 1885, pages 36 et 37.

(2) Voir *Journal officiel* du 22 avril 1882.

l'adopter, c'était revenir « aux pratiques barbares des lois pénales de l'ancien régime ». Il est facile de réfuter cet argument. Non elle n'est pas si sévère ni si barbare la peine qui, comme le disait M. Gerville-Réache (1) place le condamné dans un milieu nouveau, où elle lui offre l'occasion de renaître à la vie sociale et de se réconcilier avec la société ; qui sauvegarde ses intérêts matériels et moraux en lui permettant non pas seulement de se reclasser, mais d'appeler près de lui tous les siens et de se reconstituer un foyer, une famille, une patrie.

2° Si les détracteurs de la transportation se voyaient battus sur ces deux points, ils s'empressaient de présenter un autre moyen selon eux irréfutable. Quoi, disaient-ils, vous venez nous affirmer que la France n'est pas assez riche pour exécuter la loi du 5 juin 1875, que les départements sont dans l'impossibilité de trouver les cent millions nécessaires à la transportation de nos vieilles geôles. Et bien, abrogez le fatal décret du 9 avril 1811 (2) et employez l'argent que vous serez obligé de consacrer à l'ex-

(1) Voir *Journal officiel* du 27 avril 1882, p. 773.

(2) On sait qu'un décret du 9 avril 1811 transféra aux départements la propriété des édifices et bâtiments nationaux occupés pour le service de l'administration des cours et tribunaux et de l'assistance publique ; en outre les départements devaient subvenir à l'entretien des prisonniers. Une loi de 1855 a abrogé cette dernière disposition, mais a laissé aux départements la charge des grosses réparations et l'entretien des bâtiments.

patriation des récidivistes, à approprier aux nécessités du régime cellulaire les prisons départementales.

En agissant ainsi vous réaliserez une économie considérable et vous supprimerez une des principales causes de propagation de la récidive. Si vous croyez que même l'application rigoureuse de la loi de 1875 ne suffirait pas à réprimer, à contenir le flot toujours croissant des malfaiteurs et des repris de justice, employez ces millions que vous allez si inutilement gaspiller à des dépenses véritablement utiles à des dépenses qui nous permettront de voter et d'assurer l'exécution de lois réellement libérales et réellement humanitaires comme celles concernant l'organisation des sociétés de patronages ou la recherche de la paternité. Alors, (2) s'écriait M. Nadaud nous n'aurons plus besoin de déporter nos vieux ouvriers, nous aurons du pain à leur donner et la moralité publique n'en vaudra que mieux.

A toutes ces arguties, les partisans de la loi répondaient que la dépense était loin d'être aussi élevée qu'on le soutenait, que selon les prévisions de l'administration elle n'atteindrait pas durant la première période triennale une somme annuelle de plus de neuf à dix millions.

(2) Voir *Journal officiel*, n° du 22 avril 1883; voir aussi *Journal officiel*, n°ˢ des 8 et 9 mai 1883.

Les derniers votes émis par là commission du budget dans sa séance du 1er octobre 1886, montrent combien le gouvernement était dans le vrai ; on a prévu en effet, pour l'année 1887, en ce qui concerne l'application de la loi de 1885, qu'une dépense de 3.900.000 francs. Il résulte des documents communiqués par l'administration à la commission du budget, que chaque rélégué ne coûtera à l'État que la somme relativement minime de 400 francs (1).

Ils s'appuyaient aussi sur les chiffres fournis par les statistiques anglaises et ils rapportaient que d'après lord Joh Russell (2), c'est-à-dire d'après un adversaire de la transportation dont le témoignage en leur faveur ne saurait être suspecte, la dépense nette pour l'entretien d'un prisonnier à Milbank-Pénitentiary, était de 24 livres, 6 shellings 6 deniers par année, tandis que la dépense annuelle d'un transporté ne dépassait pas 14 livres, et celle d'un assigné ne montait qu'à 4 livres sterling. Sans même espérer que nous arriverons à un pareil résultat, nous pouvons espèrer du moins nous en rapprocher, et en tous cas ce qui résulte clairement

______

(1) Voir le journal le *Temps*, numéro du 2 octobre 1884.

(2) Voir l'ouvrage déjà cité de M. Reinach, *Les récidivistes*, pages 179 et suivantes ; Voir sur toute cette question financière le très remarquable rapport supplémentaire de M. Gerville-Réache. *Journal Officiel* du 7 juillet 1883 (n° 184). *Document parlementaires. Chambre.* pages 953 et suivantes.

de ces renseignements, c'est que la dépense est loin
d'être aussi forte qu'ont voulut l'affirmer les adversaires de la relégation. Toujours est-il que, comme
le disait M. Gerville-Réache cette dépense est utile
et profite à la fois à la société, aux malfaiteurs et à
la colonisation. Quant aux arguments de sentiment
au nom desquels on demandait à nos législateurs
de consacrer les sommes que doit coûter la relégation, à l'amélioration du sort des classes laborieuses, M. Waldeck-Rousseau (1) répondait avec
son éloquence et sa logique accoutumées : « Qu'il
n'avait jamais pensé que la loi sur les récidivistes
fut une sorte d'encyclopédie du bien, et qu'après
l'avoir votée, on dût considérer qu'il ne restât plus
rien à faire ; mais il faut, continuait-il, aller au
plus pressé et assainir d'urgence les milieux où
souffrent et travaillent les déshérités de la fortune.
Les autres réformes et notamment la réforme pénitentiaire viendront ensuite ».

3° Soit, disaient les ennemis acharnés de la transportation, - nous vous concédons que votre peine
n'est ni trop douce ni trop sévère ; nous vous concédons même que nous nous trompons dans nos
calculs et que la dépense sera très inférieure à celle
que nous prévoyons et que nous redoutons, il n'en
reste pas moins vrai que votre loi est condamnée

(1) *Journal Officiel* du 27 avril 1883, page 779.

par l'expérience, que tous les pays qui ont inscrit dans leurs codes la transportation ont dû y renoncer, même les anglais et qu'au congrès de Stockolm en 1878, les criminalistes éminents qui s'y étaient rendus de tous les points de l'Europe ont repoussé le principe de la transportation.

A cette dernière catégorie d'arguments, M. Herbette (1) commissaire du gouvernement, démontra à l'aide de documents aussi nombreux que sérieux, combien on se trompait en affirmant que l'expérience condamnait la peine de la transportation. Nous ne citerons pas les passages de son discours où il rappela les services et les résultats que l'Angleterre avait obtenus grâce à l'exportation aux colonies de ses convicts ; nous renverrons sur ce point à la partie de notre étude où nous avons traité de la colonisation pénale anglaise ; en revanche, il est impossible de ne pas insister sur le compte rendu fait par M. Herbette des travaux du congrès de Stockolm. Il lut à la Chambre les rapports de divers délégués anglais et suédois tous favorables aux peines d'outre-mer ; on trouvera au *Journal officiel* du 1er mai 1883 les arguments produits en faveur de la tranportation par M. Monat et par M. Schoumeyr ainsi que par Sir Arney (2) et nous rapporterons

(1) *Journal officiel* du 1er mai 1883, pages 814 et suivantes.
(2) M. Monat était délégué par la Société de statistique de Londres. M. Schoumeyr est suédois.

seulement l'opinion émise sur ce point par Monsieur le comte de Foresta, procureur général près la Cour d'appel de Bologne :

« Il est hors de doute, dit-il, que le système français de transportation est bon et a donné d'excellents résultats au point de vue des récidivistes et de la diminution du nombre des condamnés aux travaux forcés, qui n'arrive pas même à la moitié de celui que nous avons en Italie, quoique la France ait dix millions d'habitants de plus que l'Italie. Je ne vois donc pas pourquoi nos bureaucrates et nos idéologues ne se persuaderont pas que, les italiens étant de même race que les français, l'Italie étant dans des conditions analogues à celles de la France, *c'est plus tôt de celle-ci que des pays du Nord et de race teutonique* que nous devrions prendre exemple pour nous persuader de l'avantage que le système de la transportation peut présenter pour l'Italie.

« Enfin dans l'état de nos prisons, et surtout de nos bagnes qui sont tous à l'ancien système, si l'on n'adopte point les transportations et qu'on veuille avoir une cellule pour la séparation nocturne de chaque condamné, il faudra construire plus de cinquante mille cellules et aller au-devant d'une dépense colossale que l'état de nos finances ne nous permet pas de supporter et que le parlement n'approuvera jamais, d'où il s'en suit qu'en combattant le sys-

tème de la transportation, dont les dépensesseraient
infiniment moindres, et compensées d'ailleurs par
les avantages directs et indirects de la colonie, les
bureaucrates de l'Italie arriveraient par le fait à
perpétuer le système actuel des bagnes et des prisons en commun et à rendre toute réforme pénitentiaire illusoire. Tels sont les principaux motifs
qui me persuadent toujours davantage, que pour
un pays comme l'Italie, le système de la transportation tel qu'il est pratiqué en France est le meilleur,
je dirai le seul qui puisse nous donner la *tranquillité et la sécurité publique,* nous délivrer *des récidivistes, de la muffia camorra* et faire disparaître le
honteux système des bagnes que nous avons encore. »

Si longue qu'elle soit, nous avons tenu à donner
en entier cette déposition de M. Foresta pour
prouver, quoi qu'en dise M. Clémenceau (1) qu'au
congrès de Stockolm les délégués français n'avaient
pas été seuls à soutenir le principe de la transportation ; d'ailleurs le congrès de Stockolm n'a nullement condamné ce genre de châtiment, il s'est
borné à constater qu'il n'était pas d'une application
universelle. Et comme le disait M. Herbette, si les
Allemands, les Américains ou les Anglais peuvent
tenter la lutte contre l'augmentation de la réci-

_____________

(1) Voir le discours prononcé par M. Clémenceau dans la séance du
28 avril 1883, *Officiel* du 29, page 803, colonne 3.

dive sans avoir recours à la transportation, c'est
que leurs mœurs leur permettent d'employer des
moyens de répression (2) contre lesquels, si indignes de pitié que soient les repris de justice, l'opinion publique française sans distinction d'opinion,
serait unanime à se soulever.

Qui donc de nos jours oserait proposer de rétablir
la bastonade ou même d'introduire dans nos lois ce
régime cellulaire à haute dose, cette séquestration
absolue dans des maisons silencieuses où le détenu
se sent étouffer, languir, mourir jour par jour,
durant des années indéfinies et dont les Anglais ou
les Américains ne craignent nullement d'user vis-à-
vis des malfaiteurs incurables. Comme le disait fort
bien M. Herbette, avec ces moyens de répression,

(2) Au point de vue des punitions disciplinaires infligées encore aujour-
d'hui dans certaines prisons, le premier volume des travaux du congrès
de Stockolm contient des détails aussi instructifs que désolants. Si nous
laissons de côté la flagellation, qui sauf en France est employée presque
partout, nous trouvons d'autres inventions qui rappellent les supplices
raffinés du bas empire ou de la Chine ; c'est ainsi que dans le pénitencier
de Bruchaal on emploie une chaise dite de force : C'est un fauteuil en
bois dans lequel les bras, les jambes et le corps du patient sont fixés par
des courroies, de manière à entraver la circulation du sang, et à paralyser
en quelque sorte les muscles ; dans certains bagnes américains, on se sert
d'un instrument de torture dit le bonnet phrygien. Ce bonnet consiste en
un casque pointu, en tôle, dans lequel la tête est introduite jusqu'aux
épaules et qui ne possède d'ouvertures que pour les yeux et le nez Le
malheureux qui en est coiffé est forcé de tenir la tête parfaitement droite
et immobile ; il ne peut prendre de nourriture et boire de l'eau que lorsqu'on lui ouvre son casque. — L'Allemagne n'a rien à envier sous ce rapport à la libre Amérique, elle a inventé la chambre lattée. Dans cette
chambre, le détenu en bas de coton, marche sur un plancher composé de
lattes à trois coins sans pouvoir se reposer ni même s'asseoir.

pourquoi ces peuples feraient-ils passer la mer à leurs condamnés ? Ils ont des bastilles muettes où sont broyées toutes les résistances ; c'est notre honneur à nous de ne pas en avoir et de ne pas en vouloir.

Toutes ces raisons, tous ces motifs qui militaient en faveur d'une loi de relégation devaient nécessairement convaincre la Chambre ; mais même en admettant le principe de la relégation, une question se posait encore, devrait-on décréter la relégation perpétuelle ou seulement la relégation temporaire ?

Il est inutile de revenir sur un point qui, à propos de la loi de 1854, a déjà été longuement traité ; malgré les éloquentes objurgations de M. Gustave Rivet, il est certain que si l'on veut, tant dans l'intérêt du condamné que dans l'intérêt de la colonisation pénales obtenir de bons résultats, il faut que l'expatriation soit perpétuelle.

En vain M. Jullien et M. Rivet disent : Si ce repris de justice, si ce malfaiteur transporté dans un monde et dans un milieu nouveaux devient, lui aussi, un homme nouveau, s'ils se repent, s'il s'améliore et si, comme le voulaient les philosohes anciens, le châtiment est pour lui une purification, lui fermerez-vous quand même la porte de la patrie et la transportation aurait-elle fait tomber sur sa tête une pierre de tombeau qu'il ne pourra jamais soulever ?

N'est-ce pas aussi une véritable contradiction que de demander à ces malheureux de travailler, de coloniser et de leur enlever et en même temps ce qui serait le mobile le plus puissant pour les encourager au travail, l'espoir de la liberté et l'appât du retour dans la patrie? (1)

Si éloquentes si spécieuses que soient les raisons que l'on fait valoir à l'appui de cette thèse, nous sommes convaincu, comme nous l'avons déjà dit précédemment, qu'ouvrir l'espoir de rentrer en France au relégué, c'est enlever à la loi, au moins au point de vue de la colonisation pénale, sa meilleure chance de réussite, et on peut regretter que le Sénat ait modifié la disposition par laquelle la Chambre en adoptant le principe de la relégation avait décidé qu'elle ne prendrait fin qu'avec la vie du condamné.

## § II

*La relégation doit-elle être facultative ou obligatoire*

Le débat qui s'était élevé devant la Chambre sur la question de savoir si l'on déporterait aux colonies les récidivistes incorrigibles, n'était en réalité qu'un débat de pure forme; malgré l'ardeur, malgré l'éloquence dont firent preuve les adversaires de la trans-

(1) Voir discours de M. Gustave Rivet, *Officiel* du 24 juin 1883, p. 1415.

portation, ils n'ignoraient nullement qu'ils étaient sur ce premier point vaincus d'avance, l'opinion publique s'était prononcée avec trop de force et de vigueur pour que le résultat pût être même simplement douteux. En revanche, même parmi les partisans les plus convaincus de la loi, on était loin d'être d'accord, lorsqu'il s'agissait de décider si la relégation serait obligatoire pour le juge ou simplement facultative.

Les meilleurs esprits se demandaient s'il était bien sage de créer ainsi une nouvelle présomption légale et même en créant cette présomption fallait-il la rendre fatale et inéluctable? Ne devait-on pas permettre au moins de la discuter, l'accusé ou le prévenu n'aurait-il pas le droit de se défendre, de prouver qu'il n'était ni aussi corrompu, ni aussi gangrené que leur casier judiciaire aurait pu le faire supposer?

N'était-il pas de toute justice de lui permettre d'exposer les circonstances qui l'avaient entraîné, les influences qu'il avait pu subir? Évidemment le jury et les magistrats pourraient, eux aussi se tromper; mais en tous cas ils se tromperaient toujours moins qu'une formule aveugle, et du reste, ces erreurs ne pourraient jamais profiter qu'à une clémence relative, tandis que les erreurs de la formule pourraient créer une foule d'erreurs imméritées.

En un mot, selon les expressions de M. Floquet (1),
ne devait-on pas préférer « la justice ordinaire, appré-
ciatrice raisonnable, à une hypothèse implacable, la
distribution régulière, impartiale de la justice, à la
mise en œuvre d'on ne sait quelle fatalité. »

Cette grave question fut tranchée  par un vote
presque solennel qui fit de la relégation, dans des
conditions déterminées  et que l'on étudiera plus
loin, une mesure obligatoire.

Les partisans de cette mesure s'appuyèrent surtout sur l'inconvénient des décisions contradictoires
qui, dans le système facultatif, n'auraient pas man-
qué de se produire, tandis que certains tribunaux
et certains juges n'auraient pas reculé devant l'application rigoureuse de la loi ; dans d'autres endroits,
des juges ou des jurés plus enclins à l'indulgence,
auraient cherché dans les cas les plus graves des
atténuations et des palliatifs. Ces défaillances auraient pu produire sur la conscience et sur l'esprit
public, au point de vue du respect, dont la justice et ses organes doivent être entourés, le plus
fâcheux effet. En outre, disaient MM. Waldeck-
Rousseau, Laroze et Camescasse, était-il bien vrai
et bien exact de prétendre que les magistrats se
trouveraient absolument dépouillés de la faculté
d'apprécier les actes du condamné traduit de rechef

(1) Voir *Journal officiel* du 26 juin 1883, page 1446.

à leur barre? Evidemment non, ils restaient toujours juges du fait et maîtres en prononçant une condamnation minime, d'écarter la peine de la relégation. D'ailleurs ce n'était pas là une innovation créée par la nouvelle loi, ce n'était qu'une disposition de la loi de 1854 appliquée non plus aux grands criminels, mais aux malfaiteurs d'habitude, bien souvent aussi, sinon même moins intéressants, que ceux qui sont condamnés à plus de huit ans de travaux forcés et qui sont par suite soumis à la résidence perpétuelle dans la colonie où ils ont subi leur peine principale.

Les membres du gouvernement voyaient toute la loi dans l'adoption du principe de l'obligation, viendrait-il à être repoussé tous les bons effets qu'on attendait de la relégation seraient compromis. « Si vous dites au récidiviste, prétendait M. Waldeck-Rousseau, c'est-à-dire à cet homme qui ne croit plus à rien, qui a jeté son mépris sur tout, qui s'est habitué à escompter l'indulgence des tribunaux et qui, avant d'avoir pris conseil d'un avocat, sait à merveille quelle est la meilleure prison et quel est le juge le plus clément, si vous dites à cet homme que, s'il vient à voler une cinquième fois, le juge aura l'alternative ou de le condamner à quelques mois de prison ou de le transporter à perpétuité, il escomptera encore la déci-

sion de la justice, vous n'aurez pas diminué le
chiffre des délits ou des crimes, mais en revanche vous aurez fait au magistrat une situation
véritablement insoutenable.

« Quand on fait une loi de cette nature, il faut se
proposer d'atteindre un autre objet que celui qui
consentirait, par un procédé ou par un autre à transporter des coupables : Ce qui domine la législation
en matière pénale, ce qui fait qu'en 1854 on a voulu que la transportation fut encourue de plein droit ;
la raison pour laquelle nous demandons aujourd'hui
à la Chambre, comme une des conditions les plus
essentielles de la loi, que la transportation soit la
conséquence nécessaire de certains délits, c'est qu'il
faut qu'une loi pénale soit préventive, qu'elle empêche la récidive et qu'il ne suffit pas qu'elle la
punisse » (1).

Ces arguments décidèrent la Chambre, comme
plus tard ils décidèrent le Sénat ; on ne peut nier
qu'il soit fort difficile de leur répondre d'une manière
satisfaisante et les paroles de M. Waldeck-Rousseau
nous semblent presque irréfutables, néanmoins pour
notre compte personnel, nous eussions préféré qu'il
fut laissé une plus grande latitude à l'appréciation
du magistrat et nous eussions souhaité qu'on ait pu
adopter un moyen terme comme par exemple, celui

(1) Voir *Journal officiel* du 26 Juin 1883 page 1449.

que proposait la Cour de Limoges et que nous avons précédemment relaté.


## § III

### *Récidivistes frappés par la peine de la relégation*


Il nous reste maintenant à examiner quels étaient les malfaiteurs qui d'après les votes émis par la Chambre des députés, devaient être frappés de la peine de la relégation.

Comme nous avons surtout pour but d'étudier le principe et les effets de la relégation, nous passerons rapidement sur cette partie de la loi de 1885, qui a déjà, au point de vue de la doctrine donné lieu à tant d'embarras et de discussions, nous bornant à énumérer les principales catégories de repris de justice punis de l'exil perpétuel dans nos colonies.

Il faut d'abord bien constater que la récidive frappée par la relégation, n'est pas la même que celle prévue par les articles 56 et suivants du Code pénal (1).

---

(1) M. Desjardins dans ses remarquables annotations sur la loi du 27 mai 1885, a fait merveilleusement ressortir le sens que cette loi a donné au mot récidiviste : « Le mot récidiviste, dit-il, est pris ici dans un sens absolument différent de celui que lui attribue l'article 56 du Code pénal. Il n'est pas pris non plus dans le sens vulgaire et usuel, — comme indiquant un individu qui a commis plus d'une infraction à la loi, et les mots malfaiteurs d'habitudes, qui, d'ailleurs, n'ont jusqu'ici figuré dans aucun texte de la loi ne suffiraient pas à lui donner une précision juridique. Le sens du mot récidiviste, quant à ses conséquences juridiques,

En notre espèce, pour que la relégation soit applicable, il n'importe nullement que la peine ou les peines antérieures soient plus ou moins élevées que la peine du dernier délit. La loi nouvelle s'est sur ce point, complètement écartée des principes formulés par les articles 56 et suivants du Code pénal, ce qu'elle a voulu frapper, c'est la récidive sans se préoccuper de la gradation croissante ou décroissante de la gravité des condamnations encourues. Outre cette différence fondamentale, il y en a encore plusieurs autres de détail comme le fait de prendre en considération le laps de temps pendant lequel les condamnations sont intervenues.

Avant d'énumérer les récidivistes qui selon les membres de la Chambre des députés devaient être atteints par la relégation, quelques principes doivent encore être posés :

1° Les condamnations utiles pour la relégation doivent avior été prononcées par les tribunaux répressifs ordinaires et non par ceux d'exception (1) ;

n'est réellement déterminé que par l'article 4 qui énumère les cas dans lesquels la relégation sera encourue. Note 2 sous l'article 4. »

(1) Ces tribunaux sont le tribunal correctionnel et la Cour d'assises. Ainsi que nous l'avons dit dans le paragraphe précédent, la relégation n'est pas à proprement parler; prononcée par le juge, mais par la loi. Le magistrat ne fait que constater que les conditions exigées pour la relégation sont réunies. En vertu d'un amendement adopté par le Sénat et admis par la Chambre : « Les Cours et tribunaux peuvent tenir compte des condamnations prononcées par les tribunaux militaires et maritimes en dehors de l'état de siège ou de guerre pour les crimes ou délits de droit commun spécifiés en la présente loi. » (Art. 2.)

2° La dernière condamnation ne doit pas avoir
été prononcée après une instruction sommaire et le
délinquant qui comparaît devant le tribunal pour
une infraction qui, en vertu de ses antécédents judiciaires, doit entraîner fatalement la relégation, ne
peut pas cette fois être renvoyé en cas de flagrant
délit devant le tribunal conformément à la procédure rapide de la loi de 1863 ;

3° A la suite d'une discussion des plus vives, la
Chambre finit par décider que : « Les condamnations
pour crimes ou délits politiques ou pour crimes ou
*délits qui leur sont connexes*, ne seront, en aucun cas
comptés pour la relégation (1) ;

4° Les condamnations accumulées qui entraînent
la relégation doivent être toutes, enfermées dans un
délai de dix ans. Cette disposition excellente en elle-
même, présente cependant, une expression fâcheuse.
Comme le fait remarquer M. Léveillé, il eut fallu
remplacer le mot *condamnation* par le mot *délit*.
C'est en effet à la date du délit et non à celle de
la condamnation que l'on aurait dû s'attacher pour
faire partir le délai de la prescription décennale.

(1) La rédaction primitive dans le premier projet soumis à la Chambre
portait seulement ces mots : « crimes et délits politiques». A la suite d'un
amendement de M. Gatineau qui ne fut pas adopté (Voir séances des 7 et
8 mai 1883), la commission modifia le texte du projet dans l'intervalle des
deux délibérations et visa dans sa nouvelle rédaction les faits connexes.
(Art. 3.)

La seule raison qui justifie cette disposition, est que grâce au casier judiciaire, il est infiniment plus facile de constater la date de la condamnation que celle du délit, et nous ne combattrions pas ce système, s'il ne donnait au ministère public et au juge d'instruction une liberté regrettable ; en pressant ou en retardant soit l'instruction de l'affaire, soit la comparution du prévenu, devant le tribunal, il pourra dépendre de ces magistrats, dans certains cas, que l'inculpé soit ou non relégué.

Il est d'ailleurs bien entendu que dans cette période de dix années, on ne doit pas compter le temps passé par le prévenu dans un établissement pénitentiaire. Il faut dix années de pleine liberté pour que la relégation ne soit pas applicable ; cette disposition se justifie d'elle-même (1).

Ces principes posés, il reste à énumérer très rapidement les condamnations multiples qui selon la chambre devaient entraîner la relégation ; pour abréger et en terminer de suite avec ce point, nous dirons en même temps quelles sont les modifications qui ont été apportées par le Sénat au projet de la Chambre.

D'après la Chambre, la relégation était entraînée.

(1) Nous n'insistons nullement sur les deux manières différentes de compter le délai de dix ans, n'ayant jamais, nous le répétons, entendu traiter la loi entière sur les récidivistes, mais simplement le principe de la relégation et le régime auquel sont soumis les relégués.

1° Par deux condamnations aux travaux forcés ou à la réclusion (article 4 § 1 de la loi du 27 mai);

2° Par une condamnation soit aux travaux forcés, soit à la réclusion, et deux condamnations pour certains délits énumérés limitativement dans le paragraphe 2 de l'article 4, savoir: vol, escroquerie, abus de confiance, outrage public à la pudeur, excitation habituelle de mineurs à la débauche; le Sénat a ajouté à cette liste, le vagabondage ou mendicité, par application des articles 277 et 279 du Code pénal;

3° Par quatre condamnations *à plus* (1) de trois mois de prison pour l'un des six délits énumérés (2) (article 4, § 3). On peut encore être relégué si l'on a été condamné quatre fois à l'emprisonnement pour faits qualifiés crimes. Ici le quantum de la condamnation n'est plus fixé, la gravité de l'infraction dépend en réalité non pas de la gravité de la peine, mais de celle du fait. Ce fait était qualifié crime et il a été simplement puni de l'emprisonnement soit à la suite d'une déclaration de circonstances atténuantes, soit, mais ce point est controversé, par suite de l'excuse légale de provocation. (En ce cas, on devrait admettre que le fait ainsi excusé reste crime et ne devient pas délit;)

(1) Le Sénat a ajouté le mot *plus*.

(2) La Chambre outre les six délits précédemment énumérés avait ajouté ceux de destruction ou de dégradation d'arbres ou de récoltes dans le cas prévu par les articles 444, 445, 446, 447 et 449 du Code pénal.

4° Par sept condamnations, dont deux au moins prévues par les deux paragraphes précédents, et les autres soit pour vagabondage, soit pour infraction à l'interdiction de résidence édictée par l'article 19 de la loi actuelle, à la condition que deux de ces autres condamnations soient à plus de trois mois d'emprisonnement.

Sont considérés dit l'article 4, § 4, *in fine* comme gens sans aveu et seront punis de peines prévues contre le vagabondage, tous individus qui, soit qu'ils aient ou non un domicile certain, ne tirent habituellement leur subsistance que du fait de pratiquer ou de faciliter sur la voie publique l'exercice des jeux illicites ou la prostitution d'autrui sur la voie publique.

La loi assimile ainsi formellement au vagabond simple (1), le contrevenant aux interdictions de séjour, le bonneteur et le souteneur ; certes il serait très intéressant de rappeler sur ce point les éloquents

---

(1) On sait que le vagabondage simple tel qu'il est défini par l'article 71 du Code pénal suppose la réunion de trois éléments : 1° l'absence de domicile certain ; 2° le manque de moyen d'extstence ; 3° le défaut de profession ou de métier habituel. Cette disposition n'atteignait donc ni les souteneurs ni les bonneteurs. M. Waldeck-Rousseau dans la séance du Sénat du 13 février 1885 a merveilleusement établi les éléments constitutifs de ce nouveau délit. — Voir aussi sur point, toute la séance à la Chambre des députés du 26 juin 1883 (Discours de MM. Andrieux, Girault, Gerville-Réache, de Marcère, Goblet, de Soland et Ribot. Notons encore que la Chambre, au vagabondage simple avait ajouté la mendicité. M. Bérenger fit écarter ce dernier délit. (Séances du Sénat des 11 et 13 février 1885).

14

discours qui furent prononcés tant à la Chambre qu'au Sénat, mais nous craindrions d'allonger démesurément une étude déjà trop étendue en insistant sur une chose fort importante sans doute, mais ne rentrant que très incidemment dans notre sujet.

Avant d'arriver au régime auquel la Chambre avait voulu soumettre les relégués, nous devons encore mentionner un reproche mal fondé, selon nous que l'on a fait à la loi du 27 mai 1885.

On a dit, et à la Chambre surtout cela a été très vivement relevé par les adversaires de la loi, que l'on portait atteinte à un des principes les plus justement respectés de notre législation, à celui de la non rétroactivité des dispositions pénales.

La lecture de l'article 9 de la loi du 27 mai montrera combien ces reproches étaient exagérés. Cet article est ainsi conçu : « Les condamnations encourues antérieurement à la promulgation de la présente loi seront comptées en vue de la relégation, conformément aux précédentes dispositions, néanmoins, tout individu qui aura encouru avant cette époque des condamnations pouvant entraîner dès maintenant la relégation n'y sera soumis qu'en cas de condamnation nouvelle dans les conditions ci-dessus prescrites. »

Ainsi deux cas sont prévus :

1º Un individu condamné quatre fois avant la date fixée pour la mise à exécution de la nouvelle loi ne pourra pas être relégué. Quand il a commis son quatrième délit, il ne savait pas encore à quels risques il s'exposait, il n'avait pas été averti des conséquences que sa faute entraînait et il est de toute justice qu'il ne soit pas frappé par une disposition qu'il ignorait complétement ;

2º Condamné trois fois avant la promulgation de la loi, il est dans la suite condamné une quatrième fois. En vain objecterait-il qu'il ne se serait pas rendu coupable des trois premiers méfaits pour lesquels il a déjà été condamné, si il avait su que leur suite pourrait en cas de récidive entraîner la relégation. La loi a notifié aux individus déjà frappés de condamnations antérieures que s'ils continuaient a persévérer dans la voie du vice, ils seraient relégués. Ils n'ont pas tenu compte de l'avis et ont recommencé ; tant pis pour eux, il n'y a rien là de contraire ni à la justice ni à l'équité.

Nous terminerons ces courts détails sur les individus que le parlement a voués à la relégation, sans insister ni sur les controverses qui peuvent être soulevées, ni sur les modifications qui ont été apportées à nos lois antérieures, en disant :

1º Que les condamnations effacées par la réhabilitation ne sont pas comptées en vue de la relégation (1), (article 5);

2° Que la relégation n'est pas applicable aux individus qui à l'expiration de leur peine sont âgés de plus de soixante ans ou de moins de vingt-un ans (2) (art. 6).

Toutefois, continue l'article 6 les condamnations encourues par le mineur de vingt-un ans compteront en vue de la relégation, s'il est après avoir atteint cet âge de nouveau condamné dans les conditions prévues par la présente loi.

Ajoutons encore que M. Ganne avait fait adopter par la Chambre des députés un amendement permettant à tous les prisonniers de France de demander à titre de faveur d'être transportés aux colonies. Dans la discussion devant le Sénat, on verra les raisons peu sérieuses qui ont décidé la haute Assemblée à repousser cette excellente mesure.

(1) On sait que dans la législation du Code d'instruction criminelle la réhabilitation faisait seulement disparaître les effets de la condamnation ; elle n'effaçait pas la condamnation elle-même. Il en résultait notamment que la condamnation suivie de réhabilitation devait être prise en considération pour l'application de l'aggravation pénale résultant de la récidive légale. (Faustin-Hélie, *Pratique criminelle*, t. II, n° 74.

La loi du 14 août 1885 sur les moyens de prévenir la récidive, a généralisé cette mesure.

(2) Cette mesure est également édictée par la loi du 30 mai 1854. (Art. 3).

## § IV

*Régime auquel sont soumis les relégués.*

Le principe de la relégation voté, de même que son obligation et les cas dans lesquels elle serait encourue, il restait à prendre un parti sur la manière dont seraient traités les relégués.

Deux systèmes se trouvaient en présence.

Ou bien astreindre les condamnés à la relégation au travail forcé, et les soumettre à une discipline de fer; ou au contraire, voir en eux non des bandits incorrigibles, mais simplement des égarés dignes de la plus grande commisération et que l'exil suffisait à châtier.

Ce second système ne pouvait que présenter les plus sérieux inconvénients. Il était facile de représenter à la Chambre des députés, que si elle abandonnait à eux-mêmes ces repris de justice incorrigibles, que si elle renonçait au droit légitime qu'elle avait de les contraindre, de les forcer au travail, ils ne seraient pour les colonies où on les débarqueraient, qu'un fléau et qu'ils coûteraient à la métropole des sommes considérables, à moins toutefois qu'en leur concédant le droit de ne rien faire, on leur donna aussi celui de mourir de faim. Contre une telle solution, tous les hommes qui se sont occupés de la question pénitentiaire, tous les militaires, tous les marins qui se sont succédé au Gouvernement de la Guyane et de la Nouvelle-Calédonie étaient unanimes à protester. On rappelait que si les Philipp, les Paterson et les Darling étaient parvenus à ramener au bien la majeure partie de leurs convicts, cela tenait principalement aux pouvoirs dont ils étaient armés et à la sévérité implacable avec laquelle tout refus de travail, toute tentative de rébellion étaient châtiés (1).

Malgré l'avis unanime des hommes compétents, malgré les leçons de l'expérience, la Chambre des députés se prononça en faveur du second système et décida que les relégués une fois leur dernière peine subie, seraient des libérés dans le sens le plus large du mot.

Pour comprendre et pour s'expliquer une semblable bizarrerie, un pareil manque de logique il faut se rappeler que cette loi était due en très grande partie à l'initiative du ministre de l'intérieur.

M. Waldeck-Rousseau avait surtout considéré les dangers que faisaient courir à l'ordre social, à la

______

(1) Les convicts anglais résidant à Sydney qui refusaient de travailler étaient envoyés par punition à Paramatha. S'ils persistaient, on les dirigeait delà sur Georges' River, et en cas de non amendement de Georges Sur Windsor. Après quoi si la révolte continuait, on leur mettait un collier de fer au cou et on les descendait dans les mines de Coal Risse.

tranquillité publique les malfaiteurs d'habitude, sa préoccupation constante avait été principalement de débarrasser la métropole de toute cette lie, de tout ce rebut des prisons et des maisons centrales contre lesquels la justice se trouvait impuissante. Sous le rapport continental, son système était parfait et à part quelques critiques de détail, aucune objection sérieuse ne pouvaient s'élever contre lui.

En revanche, le ministre de l'intérieur s'était complètement désintéressé du point de vue colonial, il avait totalement oublié de faire appel aux lumières de son collègue de la marine, qui, consulté par lui, eut sans nul doute vivement insisté sur la nécessité absolue de donner à l'administration les moyens de contenir, de maîtriser les relégués.

En outre, M. Waldeck-Rousseau et M. Gerville-Réache, rapporteurs de la loi s'étaient, on pourrait presque dire à leur insu, laissés influencer par les reproches incessants qui leur étaient adressés au sujet de la cruauté, de la barbarie de leur loi.

Quoi, pour quelques condamnations minimes, on allait imposer à des malheureux d'abord un long emprisonnement, puis comme complément à la peine principale, une autre peine véritablement draconnienne, celle de l'exil perpétuel, c'est-à-dire le châtiment le plus cruel, après l'échafaud, qui puisse être infligé à un citoyen français. De simples délits allaient être punis aussi sévèrement que les crimes les plus graves.

Pour répondre à ces critiques, pour désarmer les adversaires de la loi, on ne trouva rien de mieux que de rivaliser avec eux de sentimentalisme.

On se montra plein d'égard pour ces épouvantables coquins, qui, plus criminels la plupart du temps que les condamnés de la Cour d'assises, plus corrompus et plus dépravés dans la majeure partie des cas que ceux qui n'ont assassiné que par passion ou dans un mouvement de colère irréfléchi, ne méritent cependant guère de pitié.

La grande préoccupation du ministre de l'intérieur comme du rapporteur de la commission fut de bien établir non qu'on voulait leur imposer le régime de la loi de 1854, mais un régime plein de charme et de douceur, on allait jusqu'à proposer de remplacer le mot internement perpétuel sur le territoire des colonies ou possessions françaises par le mot résidence obligatoire et un député demandait ironiquement d'ajouter, avec des appointements (1).

On n'alla pas jusque-là, mais comme le mot transportation s'appliquait à la peine subie par les forçats et qu'il y eût eu là un rapprochement fâcheux pour les récidivistes, sur la proposition de M. Marcou, on remplaça la dénomination transportation par celle

(1) Voir *Officiel* du 2 mai 1883, page 839.

de relégation qui froisserait moins l'amour-propre
des repris de justice.

Jusque-là, le mal n'était pas considérable et certes
il n'y aurait, pas eu grand inconvénient à adopter
ce nom si, au moins, on avait décidé que le
régime de la relégation serait presque aussi rigoureux que celui de la loi de 1854. Seulement loin de
là, tout le monde, partisans et adversaires rivalisèrent
pour arriver à ce beau résultat de déclarer, nous
citons textuellement les paroles de M. Waldeck-
Rousseau (1), « qu'il n'y a pas d'autres restrictions,
d'autres limites apportées à la liberté naturelle de
l'homme que l'obligation de résider sur le territoire
des colonies qui auront été désignées pour recevoir
les condamnés. »

« M. Gerville-Réache (2) ajoutait: On demande quel
sera la régime des transportés dans les colonies. Je
vous prie de vouloir bien vous rappeler les termes
de la loi de 1854, ainsi que le principe qui domine
toute notre législation pénale. Ce principe est le suivant : en dehors des dispositions expresses de la loi
pénale, il n'y a d'autre régime que celui du droit
commun.

« Le législateur de 1854, qui modifiait le droit
commun, a pris soin d'indiquer le régime sous lequel

(1) Voir *Journal Officiel* du 2 mai, 1883.
(2) Voir *Journal officiel* du 2 mai 1883.

sont placés les individus transportés dans une colonie pénale.

« Il a décidé que les forçats seront employés aux travaux les plus durs et à tous les travaux d'utilité publique. Il les a frappés de certaines déchéances qu'il a indiquées expressément et l'une après l'autre.

« Notre loi est muette sur ces points. Qu'en résulte-t-il ? C'est que le régime qui s'appliquera aux colonies à nos transportés sera le régime du droit commun.

« Ce sera le régime de *la liberté absolue* sans aucune restriction, mais le régime de la liberté dans le territoire *affecté* à la transportation. »

En étudiant l'application de la loi de 1885 nous devrons discuter la grave question de savoir si le gouvernement a le droit d'envoyer aux colonies le relégué avant l'expiration de sa peine principale et nous nous empressons de déclarer qu'à notre sentiment la réponse doit être affirmative.

Toutefois, il faut ajouter que dans le vote émis par la Chambre, la négative était certaine. Un article du projet de loi adopté par les députés prévoyait bien que l'on pourrait devancer l'expiration de la peine continentale pour transporter le relégué.

Seulement tant était grand le désir que l'on avait de faire arriver dans la colonie le relégué en état de liberté ; tant on tenait à ce qu'il pût dire le jour

même de son débarquement ; j'en ai fini avec vous,
je vais où cela me plaît, je vais travailler où je l'en-
tends, que l'on interprétait la faculté laissée au gouvernement de devancer l'époque de l'expiration de la
peine principale pour opérer le transfèrement de la
façon suivante :

« Cette faculté laissée au gouvernement, disait
M. Gerville-Réache (1), a deux raisons d'être : la
première c'est l'intérêt même du relégué. En effet,
Messieurs, le transfèrement du condamné, son
voyage, se fera nécessairement dans des conditions
de discipline plus ou moins sévères ; dès lors, il
importe de permettre au gouvernement d'accorder
une sorte de remise anticipée de la peine, de faire
compter le temps du voyage comme s'il était passé
en prison par le condamné ; ce sera, je le répète,
une véritable remise de peine. Voilà la première
raison. Il y en a un autre :

« Nous pouvons faire l'hypothèse suivante : Un
navire destiné au transport des relégués est en partance, il y a en prison des hommes dont la peine
principale doit expirer seulement dans quelques
jours. En pareil cas, nous voulons permettre au
gouvernement de devancer ce terme et d'embarquer
ce condamné dont la peine devrait durer quelques
jours encore. »

(1) Voir discours de M. Gerville-Réache, *Officiel* du 2 mai 1883, col. 3.

Bref, la Chambre entraînée par l'éloquence persuasive de son rapporteur et du ministre de l'intérieur, décidait formellement que le relégué à son arrivée dans la colonie ne serait plus *sub pena*, qu'il jouirait d'une liberté absolue.

Toutefois il y avait une difficulté dont chacun se rendait compte, c'était la façon dont le récidiviste, arrivant à la Guyane sans aucune ressource, sans avoir appris nul métier si ce n'est comme le disait M. Camescasse à connaître le mode le plus parfait de fabrication des chaussons de lisière, parviendrait à gagner son pain de chaque jour. Le gouvernement comme on l'avait déjà vu en 1872 lors de la déportation à la Nouvelle-Calédonie, des condamnés de la Commune, devrait-il employer l'argent des contribuables à nourrir une multitude de fainéants se refusant au nom de leur dignité et de leur situation de libéré à tout travail.

Aussi pour remédier à ce danger, avait-on prévu d'imposer un labeur forcé à tous ceux qui ne tiendraient pas à mourir de faim. Un règlement d'administration publique devait déterminer les conditions dans lesquelles on occuperait les gens de bonne volonté et quelle discipline on leur imposerait en échange de la nourriture et du logement qui leur seraient assurés. Il restait bien entendu, que ce règlement d'administration publique ne viserait exclusivement que ceux qui imploreraient les bons offices de l'administration ; quant aux paresseux se refusant à tout travail, ils se trouveraient dans le cas où ils étaient en France, ils vivraient comme ils pourraient ; s'ils venaient à commettre des délits ou des crimes, ils tomberaient sous le coup de la loi pénale ordinaire et ils seraient frappés comme le sont en France les criminels et les délinquants ; et inutile d'ajouter qu'ils devaient être déférés exclusivement aux tribunaux de droit commun.

En résumé, d'après le vote émis par la Chambre des députés, les règles de la relégation pouvaient se ramener à trois :

1° La relégation sera perpétuelle et obligatoire. Le juge ne pourra en aucun cas et quelqu'intéressante que puisse être la situation du déporté, faire autrement que de la prononcer ;

2° Le condamné ne sera transféré aux colonies (1) qu'après avoir subi entièrement sa dernière peine ; il

(1) Voir l'article de M. Léveillé dans le numéro du *Temps* du 7 mai 1885. Nous nous bornons à rappeler que la Chambre après une longue discussion, avait fixé comme lieu de déportation : 1° la Nouvelle-Calédonie ; 2° les Marquises ; 3° l'île Phu Quor ; 4° la Guyanne.

Le Sénat décida de laisser ce soin au gouvernement. On peut regretter que l'on n'ait pas permis à la loi seule de déterminer les lieux de relégation. Voir sur ce point *Officiel* des 23, 24, 25 octobre 1854 ; et des 5, 6, 7 février ; 9, 11 et 12 mai 1885.

A propos de la discussion devant le Sénat, nous parlerons aussi de la suppression de la surveillance de la haute police : suppression beaucoup plus apparente que réelle.

arrivera au lieu où on aura décidé de le reléguer en état de complète libération ;

3° Il vivra aux colonies sous le régime d'une liberté plénière.

SECTION III

*Discussion devant le Sénat.*

Au projet adopté par la Chambre des députés, le Sénat apporta plusieurs modifications ; ce sont ces changements qui vont être exclusivement exposés, car si intéressante qu'aient pu être au Sénat, les débats de la loi du 27 mai 1885 ; si éloquents que se soient montré les partisans et les adversaires du principe de la relégation, ils n'ont fait forcément que reproduire des arguments déjà précédemment exposés.

La pensée qui domina dans l'œuvre sénatoriale, ce fut de rendre plus difficile l'application de la relégation aux récidivistes, de diminuer les cas pour lesquels les tribunaux devaient la prononcer (1). C'est ainsi que l'on supprima parmi la liste des délits entraînant la relégation ceux prévus par les articles 444, 445, 446, 447 et 449 du Code pénal.

----

(1) Voir sur ce point, M. Léveillé, la *Guyane op. cit.*, pages 20 et suiv.

On pensa avec raison, que si grave que soit le fait de détruire ou de dégrader volontairement les arbres ou les récoltes d'autrui, ce n'était pas là évidemment l'œuvre des malfaiteurs d'habitude que la loi actuelle visait surtout ; de même, tandis que d'après le vote de la Chambre, un emprisonnement de trois mois suffisait pour faire entrer en ligne de compte toute condamnation appliquée aux délits spécifiés en vue de la relégation, le Sénat décida qu'un emprisonnement à plus de trois mois pourrait seul amener ce résultat.

On ne saurait qu'approuver ces restrictions, mais ce n'était là que de légères modifications de détail sans grande importance, en revanche, on ne saurait trop applaudir à la décision par laquelle il imposa aux relégués l'obligation du travail.

On n'eut pas au Sénat (1) les mêmes tendresses, les mêmes sympathies pour les récidivistes, on écouta les amiraux qui faisant partie de la haute Assemblée, étaient à même de la renseigner sur les dangers que les libérés font courir aux colonies, on prêta l'oreille aux observations des gouverneurs de la Guyane et de la Nouvelle-Calédonie, enfin le sous-secrétaire d'État à la marine M. Félix Faure et le nouveau ministre de l'intérieur, M. Allain-Targé, furent les premiers dans la commission à reconnaître que la Chambre en laissant pleine et entière liberté au récidiviste

(1) Voir sur ce point M. Léveillé, la *Guyane*, *op. cit.*, pages 20 et suiv.

relégué, s'était engagée dans une mauvaise voie.

On décida donc qu'en échange du travail qu'on lui procurerait, du gîte qu'on lui assurerait, des vête-ments qu'on lui fournirait, le relégué serait soumis à un régime spécial ; qu'il serait astreint au travail et que pour punir sa mauvaise volonté, on aurait le droit de le cantonner, de le soumettre à une juridic-tion spéciale ; en réalité, on en revint presque au ré-gime de la loi de 1854. Volontiers, nous irions même plus loin et nous ne craindrions pas de dire que le parlement a décrété une peine analogue à la servitude pénale anglaise.

Non seulement, en effet, le relégué sans ressources est soumis à l'obligation du travail forcé, mais on a le droit de lui faire subir tout ou partie de l'expira-ration de sa dernière peine dans un pénitencier spécial créé comme lieu de dépôt et aussi comme lieu de préparation à la vie coloniale.

Les députés n'avaient vu là qu'un moyen d'opérer une sorte de triage, de reconnaître les facultés, les aptitudes des relégués et de les transporter ensuite en se basant sur ces observations dans telle ou telle colonie. Ils n'avaient pas fait grande attention à cette phrase de l'article 12 : « les pénitenciers pourront servir de dépôt pour les libérés qui y seront main-tenus, jusqu'au plus prochain départ pour le lieu de relégation. »

Interprété à la lettre, cet article permet au gouvernement de transformer complètement la peine en retenant dans ces pénitenciers, le condamné aussi longtemps qu'il lui plaira. Ce danger ou cet avantage selon les manières de voir n'avaient pas échappé et l'on avait inséré dans la loi la disposition finale suivante, qui enlevait à l'article 12 toute l'efficacité que nous sommes heureux d'y constater: « pendant trois mois au plus après l'expiration de leur peine ». Lors de la deuxième délibération au Sénat, cette addition disparut et en étudiant les effets de la loi du 27 mai 1885. On verra les conséquences que l'on pourrait tirer de cette suppression.

Tout en approuvant complètement les modifications apportées au projet de la Chambre par le Sénat et en voyant dans cette obligation du travail imposé au relégué le seul moyen de rendre la loi pratique et viable les criminalistes les plus éminents, ceux qui connaissant admirablement la question pénitentiaire et la question coloniale, se sont consacrés à cette grave question de la répression de la récidive n'ont pu s'empêcher de faire au Sénat deux très graves reproches.

1º Le Sénat a violé le grand principe de notre Code, l'égalité de tous devant la loi. Il a en effet fait des relégués, deux classes complètement différentes.

Aux uns, fort rares nous en convenons, qui possèdent des moyens d'existence, qui ont des rentes sur l'État ou des biens au soleil, on a fait une situation absolument privilégiée. Ceux-là seront bien simplement des relégués et vis-à-vis d'eux, la relégation est en effet tout autre chose que la transportation. Sur la terre d'exil, grâce à leur fortune, acquise peut-être dans quelque ignoble commerce, ils seront complètement libres.

Mais vis-à-vis de ces capitalistes du crime, il y aura la légion des mendiants, des vagabonds, de toute la tourbe que la misère, l'ignorance, le manque de courage a entraîné dans la voie du vice, pour ceux-là aucune compassion, aucune pitié. Ils seront absolument assimilés aux forçats punis par la loi de 1854.

Et qu'on ne vienne pas dire qu'ils pourront toujours obtenir la faculté de jouir de cette liberté que la Chambre avait voulu expressément leur réserver, car à défaut de fortune on leur permet de s'engager chez les colons, pour que cela ne soit pas une véritable dérision il faudrait que nos colonies aient une classe de riches planteurs et on sait que malheureusement ni à la Guyane ni à la Nouvelle-Calédonie on n'en rencontre pas.

2° Dès l'instant où l'on faisait du régime de la relégation, un régime analogue à celui de la transportation, pourquoi avoir fait de la peine perpétuelle, la peine accessoire.

Évidemment le Sénat a voulu ménager les suscep-
tibilités de la Chambre et en remaniant le fond du
projet, il a laissé la forme intacte.

Quelles que soient les raisons qui l'aient fait agir,
on ne saurait trop regretter cette dérogation appor-
tée aux règles du droit pénal. Nous laissons, à
d'autres voix plus autorisées que la nôtre le soin de
dire ce qu'il y a de contraire à tous les principes,
de traiter de libéré celui qui est astreint à l'expatriation, au travail forcé, au cantonnement, à la juridiction de tribunaux spéciaux.

Nous terminerons ces trop longues observations
sur les débats du parlement par la critique de deux
autres modifications encore apportées par le Sénat
au projet de loi voté par la Chambre des députés.

A. — M. Ganne avait obtenu de la Chambre que
tout prisonnier aurait le droit de solliciter à titre
de faveur son expatriation, c'était là une excellente
mesure et on ne peut que regretter son rejet par le
Sénat.

Les raisons qui ont décidé la haute Assemblée
à prendre cette décision étaient moins que con-
vaincantes, on a surtout objecté que l'on aug-
menterait trop le nombre des relégués et que
l'on accroîtrait ainsi les dépenses. Il eut été plus
simple, si on redoutait tant cette abondance de

relégués, de permettre au magistrat d'opérer une sélection. (1).

B. — Le Sénat introduisit encore une autre modification fâcheuse en permettant au relégué, qui aurait fait preuve de bonne conduite, de demander après six ans de séjour au tribunal de la colonie, l'autorisation de rentrer en France.

Toutefois l'inconvénient est moindre qu'on pourrait le supposer et en reprochant au Sénat d'avoir rendu toute colonisation pénale impossible en laissant au condamné un fâcheux esprit de retour, on ne peut non plus nier qu'il existe peut être là un moyen d'exciter au travail le relégué.

Nous sommes d'autant plus pour notre compte, prêts à nous rallier au vote du Sénat sur ce point, malgré les hautes autorités qui l'attaquent, que l'on n'a point demandé seulement au relégué de faire preuve de bonne conduite, il faut encore s'il veut obtenir la fin de son exil, qu'il justifie de moyens d'existence.

Si l'on ne se montre pas trop coulant sur le chiffre du pécule qu'il aura dû amasser avant de pouvoir solliciter la faveur de revoir la patrie, si l'on exige qu'il possède non pas uniquement le prix de

(1) Nous verrons plus loin comment à défaut de sélection judiciaire M. Léveillé put faire introduire dans la loi du 14 août 1885 un paragraphe permettant à l'administration d'opérer une véritable sélection. Voir le Journal *Le Temps*, n° du 9 mai 1885.

son passage, mais encore de quoi vivre dans la métropole, la faculté de retour accordée par le Sénat
sera appliquée dans des cas si rares qu'il est inutile
de la critiquer.

En résumé, le projet voté par le Sénat à part les
imperfections que l'on a dû signaler était très supé-
rieur à celui de la Chambre des députés et la déléga-
tion formelle donnée au gouvernement de déterminer
d'une façon absolue les conditions d'exécution de la
loi par décrets rendus en forme de règlement d'administration publique, permettait de modifier les
défauts signalés et sinon de les supprimer, du moins
de les atténuer dans de notables proportions.

On verra dans la prochaine section avec quelle
mesure et quelle réserve il a été usé du droit donné
par les deux Chambres.

SECTION IV

*Règlement du 26 novembre 1885.*

Il est dit dans l'article 1ᵉʳ, § 2 de la loi du
27 mai 1885 : « Seront déterminés, par décrets
rendus en la forme de règlement d'administration
publique, les lieux dans lesquels pourra s'effectuer

la relégation, les mesures d'ordre et de surveillance, auxquelles les relégués pourront être soumis, par nécessité de sécurité publique, et les conditions dans lesquelles il sera pourvu à leur subsistance, avec obligation de travail à défaut de moyens d'existence dûment constatés. »

Et l'article 18 de la même loi ajoutait : « Des règlements d'administration publique détermineront : 

« Les conditions dans lesquelles les relégués accompliront les obligations militaires auxquelles ils pourraient être soumis par les lois sur les recrutements de l'armée.

« L'organisation des pénitenciers mentionnée en l'article 12.

« Les conditions dans lesquelles le condamné pourra être dispensé provisoirement ou définitivement de la relégation pour cause d'infirmité ou de maladie, les mesures d'aide et d'assistance en faveur des relégués ou de leur famille, les conditions auxquelles des concessions de terrains provisoires ou définitives pourront leur être accordées, les avances à faire, s'il y a lieu, pour le premier établissement, le mode de remboursement de ces avances, l'étendue des droits de l'époux survivant, des héritiers ou des tiers intéressés sur les terrains concédés et les facilités qui pourraient être données à la famille des relégués pour les rejoindre ;

« Les conditions de travail à exiger des relégués ;

« Le régime et la discipline des établissements ou chantiers où ceux qui n'auraient ni moyens d'existence, ni engagement seront astreints au travail ;

« *Et en général toutes les mesures nécessaires à assurer l'exécution de la présente loi.* »

Certes, nous ignorons, si jamais dans notre histoire parlementaire, on a eu l'exemple d'assemblées se désaisissant ainsi de leur pouvoir législatif et donnant au Conseil d'État plein pouvoir pour compléter, terminer, nous allions dire pour réformer leur tâche.

Nous ne nous permettrons pas de discuter sur ce grâve point, de savoir si dans un pays libre des Chambres ont le droit de faire résoudre par l'administration des questions aussi grâves que celles concernant les localités dans lesquelles la relégation serait effectuée ; les conséquences légales comme l'étendue des droits de l'époux survivant, des héritiers ou des tiers intéressés sur les terrains concédés aux relégués.

Nous nous bornons à prendre le fait tel qu'il existe et à étudier la manière dont le Conseil d'État à cru devoir user des pleins pouvoirs qui lui étaient déférés.

Disons tout de suite qu'il s'en servit avec la plus grandè de toutes les réserves ; tiraillé par l'influence contraire des ministres de l'intérieur et de la marine, au lieu de prendre un parti et de trancher la question, de décider par exemple qu'un ministre de la marine appartiendrait l'exécution de la dernière peine aussi bien que celle de la peine coloniale, le conseil d'État se borna à laisser les choses dans le *statu quo* le plus complet.

Il est un point cependant, sur lequel il insista et d'une façon heureuse, c'est en créant deux classes de relégués, les relégués individuels et les relégués collectifs.

Il y avait là une situation qui s'imposait ; étant donné que parmi les récidivistes les uns s'efforceraient de se relever, de travailler avec énergie, tandis que les autres opposeraient à toutes les tentatives de l'administration une paresse et une inertie insurmontables, force était de les diviser en deux catégories.

### A. — Relégation individuelle

La relégation individuelle, nous dit l'article 2 du décret du 25 novembre 1885, consiste « dans l'internement, en telle colonie ou possession française déterminée, des relégués seront admis à y résider en état de liberté, à la charge de se conformer aux mesures d'ordre et de surveillance qui seront prescrites en exécution de l'article 1ᵉʳ de la loi du 27 mai 1885. Ces relégués sont soumis dans la colonie au régime de droit commun et aux juridictions ordinaires.

« Sont admis à la relégation individuelle *après
examen de leur conduite* les relégables qui justifient
de moyens honorables d'existence, notamment par
l'exercice de professions ou de métiers, ceux qui
sont reconnus aptes à recevoir des concessions de
terre, et ceux qui sont autorisés à contracter des
engagements de *travail ou de service* pour le compte
de l'État, des colonies ou des particuliers. »

Il y a à signaler dans cet article deux points :

1° Le Conseil d'État a modifié le texte de la loi
adoptée par le parlement en décidant que pour être
admis au bénéfice de la relégation individuelle, pour
jouir dans la colonie d'une entière liberté, il ne faudrait pas seulement que les condamnés établissent qu'ils
possèdent des moyens d'existence suffisants, mais
encore qu'ils aient manifesté du repentir de leur vie
passée « après examen de leur conduite » dit le
règlement ; il y a là une modification expresse de la
loi et on ne saurait que féliciter le conseil d'État
d'avoir ainsi moralisé cette distinction fâcheuse qui
avait été établie entre le récidiviste riche et le récidiviste pauvre.

2° Quand on étudiera le régime auquel est soumis
le relégué à titre individuel, on aura à insister sur
le passage où le règlement dit qu'il sera autorisé à
contracter des engagements de travail ou de *service*.

pour le compte de l'État, des colonies ou des particuliers.

En mettant le terme *service* au singulier, le conseil d'État a voulu indiquer par là que le relégué individuel pourrait s'engager comme soldat.

### B. — Relégation collective

Nous aurons aussi à revenir longuement sur le régime de la relégation à titre collectif, bornons-nous ici à signaler la juridiction particulière qui d'après le règlement du 25 novembre doit être organisée pour la répression des crimes ou délits commis par les relégués collectifs. Un décret d'administration publique qui n'est pas encore rendu réglera la composition de ce tribunal répressif.

Nous terminerons ces courtes observations sur le règlement du 25 novembre en exprimant le regret que le Conseil d'État n'ait pas usé plus largement des pouvoirs que les Chambres lui avaient conférés et qu'il se soit borné en réalité à établir le régime et

---

(1) D'après l'article 4 du décret du 25 novembre 1885 la relégation individuelle sera subie dans les diverses colonies ou possessions françaises.

La relégation collective s'exécutera dans les territoires de la colonie de la Guyane, et si les besoins l'exigent de la Nouvelle-Calédonie ou de ses dépendances qui seront déterminées et délimitées par décret.

Un décret du président de la République rendu en date du 20 août 1886, a sur la proposition de M. l'amiral Aube, ministre de la marine et des colonies, désigné l'île des Pins (dépendances de la Nouvelle-Calédonie) comme le premier endroit où sera exécuté la relégation collective.

fixer la discipline des chantiers où ceux qui n'auraient ni moyens d'existence, ni engagement seront
astreints au travail (1).

(1) Si l'on s'en rapporte aux déclarations faites par le gouvernement devant la commission du budget, il est probable que le second envoi sera à destination de la Guyane.

# DEUXIÈME PARTIE

# EFFETS DE LA RELÉGATION

—

## CHAPITRE PREMIER

### EXÉCUTION DE LA LOI DU 27 MAI 1885

#### SECTION PREMIÈRE

*Exécution de la peine principale et de la peine
accessoire.*

### § I

*Peine principale et peine accessoire.*

L'article 12 de la loi du 27 mai 1885 a réglé la
façon dont le récidiviste devrait subir sa peine en
France ; cet article est ainsi conçu :

« 1 (1) La relégation ne sera appliquée qu'à l'expiration de la dernière peine à subir par le condamné ;

(1) Voir sur cette question un très intéressant article de M. Léveillé
dans le numéro du *Temps* du mercredi 5 mai 1886.

« 2° Toutefois, faculté est laissée au gouvernement de devancer cette époque pour opérer la translation du relégué ;

« 3° Il pourra également lui faire subir tout ou partie de sa dernière peine dans un pénitencier. »

Selon la manière dont on interprète cet article, on modifie de la façon la plus complète et la plus absolue, tout le mécanisme de la relégation.

Avant tout, il faut bien s'expliquer sur la dernière peine. Cette dernière peine qui a entraîné la relégation est-elle la peine principale dont la relégation n'est que l'accessoire, ou bien au contraire, la relégation est-elle une peine additionelle venant s'ajouter à la première peine de l'emprisonnement ou de la réclusion.

Malgré toutes les raisons de bon sens et de droit qui auraient dû faire regarder la relégation comme la peine principale, le gouvernement s'est butté à cette idée de n'en faire qu'un accessoire.

Ainsi un repris de justice va pour un léger délit, être condamné une quatrième ou une septième fois à plus de trois mois d'emprisonnement ; mettons que le tribunal ait fixé la durée de sa détention à quatre-vingt-treize jours, ces quatre-vingt-treize jours de prison seront regardés comme la peine principale et la relégation perpétuelle qu'il devra subir pour le restant de sa vie, assujetti au travail forcé, ce sera une peine simplement accessoire. Nous ne voulons pas revenir sur les critiques que cette disposition a soulevées, mais demandons au moins que l'on ait tout pouvoir d'user de la faculté laissée par l'article 12, soit d'opérer immédiatement la translation du relégué soit de le préparer à sa peine sur des pénitenciers spéciaux.

Il semble au premier abord tout naturel que si un individu est condamné à dix ans ou même seulement à cinq ans de réclusion, on ne veuille pas lui faire subir cette peine dans une maison centrale où on le préparerait, non à la vie, mais à la mort coloniale.

« Si vous l'enfermez pour peu de temps, disait M. Léveillé avec une irréfutable logique, ce sera une taquinerie inutile. Pour longtemps ? Vous épuisez votre détenu, et vous ne livrerez à la marine qu'un mourant. »

D'ailleurs à quoi bon cette controverse ; la loi elle-même nous donne le droit de transporter immédiatement le condamné à la relégation ou tout au moins de lui faire subir sa peine dans un pénitencier spécial où on l'habituera aux fatigues du travail en plein air, où on le préparera efficacement à sa nouvelle existence, pourquoi ne pas user de cette faculté?

Une telle solution qui s'appuie sur un texte formel de loi, qui a pour elle la raison et même le simple bon sens, semblait s'imposer sans qu'il soit seulement nécessaire de la discuter ; la poser n'était-ce pas la résoudre ?

Loin de là, on a au contraire décidé qu'avant son départ pour la colonie, le relégué devrait préalablement subir en entier sa peine principale. — D'après les magistrats les plus éminents, la règle doit être l'exécution entière de la dernière peine. Quant aux pénitenciers, ce sont de simples embarcadères et en revenant à la théorie exposée par M. Gerville-Réache et que nous avons précédemment rapportée, on n'a vu dans cette faculté pleine et entière laissée à l'administration de devancer l'époque de la translation qu'une simple permission de profiter de l'occasion d'un navire en partance, alors que quelques jours seulement restent au relégué pour avoir terminé ce que l'on nomme sa peine principale.

La bizarrerie d'une telle disposition qui suffirait pour rendre impraticable l'exécution de la loi du 27 mai, ne peut s'expliquer que par des raisons toutes particulières que nous allons tâcher d'exposer dans le paragraphe suivant.

## § II

*Ministères chargés de l'exécution de la loi*
*du 27 mai 1885.*

Le vote de la Chambre des députés en faveur du principe de la relégation perpétuelle, avait été dû pour beaucoup à l'éloquence et à l'énergie du ministre de l'intérieur d'alors M. Waldeck-Rousseau. C'était à cet homme d'État qu'on devait en très grande partie l'initiative du projet, et il était assez naturel que le ministre de la marine et des colonies s'étant un peu trop détaché de la question, son collègue de l'intérieur revendiqua pour lui le privilège de faire exécuter une loi qu'il avait tant contribué à faire entrer dans notre législation. Sous prétexte d'unité dans la direction, le ministère de l'intérieur revendiquait pour lui : 1° l'exécution de la dernière peine, puisqu'elle devait se subir dans les prisons continentales qui, comme on le sait, ressortent de son département ;

2° La direction et l'administration des pénitenciers spéciaux créés en vertu de l'article 12 ;

3° Dès l'instant où c'était lui qui avait préparé le relégué à la vie coloniale, n'était-il pas trop naturel de lui confier également le soin de le transporter dans les pays d'outre-mer ?

Ainsi qu'il a été dit précédemment, le conseil d'État se garda de trancher la question ; au ministre de l'intérieur il laissa la mission de faire exécuter la peine continentale, et, tout en insérant dans le réglement du 25 novembre 1885 que le relégué, qui subirait tout ou partie de sa peine dans les pénitentiers que l'on doit établir à son intention, y serait préparé à la vie coloniale ; il confia au ministère de l'intérieur la charge de créer, d'installer et de diriger ses pénitentiers. Le ministère de la marine fut chargé de l'application de la peine coloniale ; on crut avec infiniment de raison que ceux qui depuis longtemps connaissaient les ressources de nos colonies, les moyens d'y utiliser et d'y employer la main d'œuvre pénale étaient les plus aptes à maintenir et à diriger les relégués ; pour les mêmes motifs, il nous eût semblé plus naturel de leur confier également l'organisation des pénitenciers.

Le résultat auquel l'on est arrivé avec ce système de ménagement et d'atermoiement, c'est que l'administration centrale des prisons comprenant parfaitement que du jour où dans la rade de Brest ou de Toulon, elle aurait installé des pénitenciers, on ne tarderait pas à les transférer à la marine, a préféré ne pas en organiser du tout. Les premiers condamnés qui vont partir pour l'île des Pins n'auront donc aucune notion de la nouvelle existence qu'ils vont

mener ; ils n'auront été nullement préparés aux
labeurs et aux fatigues de la vie coloniale et cela uniquement parce que les hauts fonctionnaires du ministère de l'intérieur ont eu peur que la création des
pénitenciers ne conduise forcément à l'idée d'exclure
pour les relégués tout internement, c'est-à-dire toute
exécution de la dernière peine (1).


## SECTION II

*Exécution de la peine coloniale.*


### § PREMIER

*Relégation individuelle.*


Laissant de côté les critiques que l'on a pu adresser au règlement du 26 novembre, il reste maintenant à examiner le régime auquel sera soumis le

(1) Le Conseil d'État a décidé encore que le transfèrement des relégués
sur les pénitenciers spéciaux, ou leur départ pour l'exil avant l'expiration
de leur dernière peine, seraient décidés par le ministre de l'intérieur ;
mais seulement après avis du ministre de la justice. Rappelons à ce propos qu'au sein des délibérations de la commission qui a préparé le règlement du 25 novembre, il avait été proposé de confier l'exécution de la
peine coloniale aussi bien que de la peine continentale au ministre de la
justice qui aurait été la tête dirigeante, l'intérieur et la marine. Voir sur
ce point et sur les avantages de ce projet, M. Léveillé, la *Guyane op. cit.,*
page 23.

récidiviste une fois qu'on l'aura transporté hors de France.

Deux cas peuvent se présenter : ou il sera admis au bénéfice de la relégation individuelle, ou au contraire on le rangera dans la catégorie des relégués à titre collectif. — Si il a pu prouver l'existence de moyens d'existence suffisants, et si de plus au moins pendant le temps de sa peine continentale il a donné des gages de bonne conduite, il sera simplement conduit dans une de nos colonies et ainsi qu'on l'a dit précédemment, il jouira là du bénéfice du droit commun (1). Cependant il ne faudrait pas croire qu'on n'ait pas pris à son égard, au moins certaines précautions et bien qu'on le qualifie de libéré, il n'en reste pas moins soumis à certaines mesures d'ordre et de surveillance.

La loi du 27 mai 1885 a dans la forme aboli la surveillance de la haute police, telle qu'elle avait été si sagement réglée par la loi de 1874, mais cette suppression a été plus apparente que réelle et nous allons en trouver à propos de la relégation individuelle un premier exemple. On a, en effet, le droit de canton-

---

(1) Le relégué est admis au bénéfice de la relégation individuelle par décision du ministre de l'intérieur s'il a mérité cette faveur avant de quitter la France, au contraire après son départ pour la colonie le droit de lui accorder cet avantage appartient au ministre de la marine. Les deux ministres font préparer les éléments de leur appréciation par des commissions de classement instituées dans ce but. (Voir articles 6, 7 et 8 du règlement du 26 novembre 1885.)

ner le relégué individuel, de lui interdire l'accès d'une
ou· de plusieurs villes de la colonie, l'administration
a le pouvoir, en un mot, de lui imposer toutes les
règles d'ordre et de surveillance qui peuvent lui sembler nécessaires. Dans le cas ou le relégué négligerait
de se conformer à ses prescriptions, le ministre de
la marine sur la proposition du Gouvernement et
après avis d'une commission instituée dans ce but
lui retire le bénéfice de la relégation individuelle.
— On voit combien ce régime a de rapport avec la
surveillance de la haute police, telle qu'elle était
réglée, non par la loi si libérale de 1874, non même
par la loi de 1832, mais par le Code pénal de 1810.

Il aurait été trop dur et trop contraire à tous les
principes de notre droit moderne de n'accorder ce
bénéfice la relégation individuelle qu'au capitaliste
du crime, aussi l'a-t-on étendu à tous ceux qui
seraient reconnus aptes à recevoir des concessions de
terre ou que l'on autoriserait à contracter des engagements, soit de travail, soit de service pour le
compte de l'État, des colonies et des particuliers.

Pour notre compte personnel, nous avouons que
cette relégation individuelle telle qu'elle a été organisée par le Conseil d'État, nous semble être appelée
a donner les meilleurs résultats.

Le relégué à titre collectif aura le plus grand intérêt à mériter cette faveur et il ne l'obtiendra que

par son zèle et sa bonne conduite, en outre et c'est là, pour nous le grand point, l'administration ne cessera pas d'avoir sur lui plein pouvoir.

Que le forçat, arrivé à l'expiration de sa peine et libéré sur le territoire de la colonie, se conduise mal qu'il se refuse à tout travail, on ne peut rien contre lui et comme le constatait tristement l'amiral Courbet, il devient le véritable fléau de la colonie. Au contraire le relégué à titre individuel sera toujours sous la main de l'administration ; qu'il commette quelque nouveau délit, même minime, qu'il abandonne sa concession, qu'il rompe sans motifs justifiés son engagement, qu'il s'adonne de nouveau au vice et à la débauche, aussitôt on le reprend et on le soumet au dur régime de la relégation collective, régime qui, comme on le verra plus loin ne diffère en réalité que par le nom de celui imposé au forçat.

La relégation individuelle n'est en réalité qu'une mise en liberté presque provisoire, conditionnelle et avec un peu de vigueur et d'énergie on peut par ce moyen, croyons nous, tirer de la loi de 1885 un excellent profit.

Remarquons aussi le mot *service* au singulier inséré dans l'article 2 du décret du 26 novembre 1885 ; on a voulu décider par là que le relégué individuel pourrait prendre au besoin du service dans

l'armée française. Cette question des obligations militaires des relégués, est en effet une des plus graves
et des plus délicates de celles qui se posent à propos
de l'exécution de la loi du 27 mai :

« L'article 18 de cette loi, contient la disposition
suivante :

« Des règlements d'administration publique détermineront :

« Les conditions dans lesquelles les relégués
accomplissent les obligations militaires auxquels ils
pourraient être soumis par les lois sur le recrute-
ment de l'armée. »

Avec raison on n'a pas voulu dispenser ces repris
de justice des obligations du service militaire, tandis
que d'honnêtes gens, des citoyens n'ayant jamais
forfait aux lois de la probité sont envoyés soutenir
l'honneur du pavillon de France dans les contrées les
plus malsaines de l'Extrême-Orient ou de l'Afrique
équatoriale, ne serait-il pas absurde d'en dispenser
des misérables perdus de vice, n'ayant jamais fait
que le mal. Aussi a-t-on proposé de les embrigader
et de leur envoyer tenir garnison dans les postes les
plus dangereux et les plus malsains.

Si avantageuse et si utile que puisse être une pareille
combinaison, sans nier les résultats que l'on pourrait en retirer, nous avons pour elle une certaine
répugnance.

Que l'on admette dans les rangs de la future armée coloniale et sous des conditions aussi rigoureusement déterminées que peu étendues quelques uns des relégués à titre individuel ayant donné des gages certains de repentir, soit, en revanche nous nous refusons complètement même à former des compagnies spéciales avec la masse, avec la tourbe des récidivistes.

Malgré la discipline de fer qu'on leur imposera, malgré leur séparation complète d'avec les autres troupes, il n'en restera pas moins ce fait fâcheux que sous le même drapeau des repris de justice combattront côte à côte avec nos braves soldats. Nous ne voulons pas de cette promiscuité, nous repoussons un tel mélange, si utile qu'il puisse être.

Embrigadez-les si vous le voulez, employez-les pendant le temps qu'ils auraient dû passer au régiment aux travaux les plus durs et les plus malsains, qu'ils suivent nos colonnes pour préparer le campement, pour traîner les convois, mais qu'on ne leur fasse pas l'honneur de se battre pour la France. Ou du moins qu'on leur montre là un but à atteindre ; qu'on en fasse pour eux la plus haute récompense, celui qui même une heure a combattu sous les plis du drapeau aux trois couleurs, qui a versé pour la patrie une seule goutte de son sang, celui-là le lendemain ne peut pas être réintégré dans un cabanon surveillé par des gardes chiourmes.

On nous excusera de nous être étendu sur ce point secondaire, mais nous tenions à protester contre l'idée de composer notre armée coloniale, même pour la plus minime des fractions, avec des repris de justice que la métropole a honteusement, ignominieusement chassé de son sein. Imposez leur toutes les duretés de la discipline militaire, toutes les charges et toutes les fatigues du soldat, mais, à ces misérables, ne donnez pas ce qui compense, ce qui fait oublier tout le reste, le droit de porter un fusil, le droit de défendre l'honneur et l'intégrité de la patrie qui les a repoussés.

§ II

*De la relégation collective.*

Seront soumis à ce régime, ceux qui n'auront pas pu obtenir la faveur de la relégation individuelle, soit parce qu'ils manquaient de ressource, soit parce qu'ils n'ont donné aucune preuve de repentir ou de zèle à racheter par leur assiduité au travail leurs fautes passées. Ce seront eux, en réalité, qui formeront l'immense majorité des relégués et pour ce motif, ils doivent attirer toute l'attention.

Nous laisserons, dans cette étude, complètement de côté la question du lieu ou on doit les transporter. Nous n'insisterons donc nullement sur le point de savoir si le Conseil d'État a été heureusement inspiré en désignant pour les y transporter la Nouvelle Calédonie et ses dépendances, ainsi que la colonie de la Guyane (1) ; nous n'examinerons pas non plus les ressources que pourraient offrir la baie de Diégo-Suarez ? ou nos possessions du Gabon, pour traiter de pareilles questions, il faut les avoir étudiées sur place et par ce motif nous devons nous borner à exposer la manière dont on traitera les relégués et dont on les utilisera dans les colonies où ils seront conduits ; nous terminerons ce paragraphe par une comparaison de la loi de 1885 avec celle de 1854, et aussi avec la servitude pénale anglaise qui se rapproche beaucoup plus qu'on ne le croit généralement des dispositions adoptées par le Parlement.

### A) Régime auquel seront soumis les relégués à titre collectif.

Les relégués à titre collectif, nous dit le règlement du 26 novembre 1885 (art. 2) seront, dans la

---

(1) Voir sur les ressources que pourraient offrir la Guyane au point de vue de la relégation, sur le nombre des relégués qu'on pourrait y transporter, sur la manière dont on pourrait diviser la colonie en deux parties dont une seulement serait affectée à la colonisation pénale ; l'ouvrage de M. Léveillé sur la Guyane que nous avons dû déjà tant de fois citer, pages 42 à 50.

colonie où ils auront été internés, réunis dans des établissements ou l'administration pourvoiera à leur subsistance en les astreignant au travail.

A cet effet (art. 31), il sera organisé sur les territoires affectés à la relégation collective, des dépôts d'arrivée et de préparation où seront reçus et provisoirement maintenus les relégués à titre collectif. Ces dépôts pourront comprendre des ateliers, chantiers et exploitation où seront placés les relégués pour une période d'épreuve et d'instruction. Ils y seront formés soit à la culture, soit à l'exercice d'un métier ou d'une profession, en vue des engagements de travail ou de service à contracter et des concessions de terre à obtenir selon leurs aptitudes et leur conduite.

Si pendant cette période d'épreuve, les relégués n'ont pas mérité d'être admis au bénéfice de la relégation individuelle, on les envoie dans des établissements de travail. Ces établissement (art. 32) peuvent consister en ateliers, chantiers de travaux publics, exploitations forestières, agricoles ou minières. Ils sont répartis entre ces établissements, d'après leurs aptitudes, leurs connaissances, leur âge et leur état de santé, l'administration peut toujours les admettre sur leur demande à revenir dans les dépôts de préparation pour une nouvelle période d'épreuve et d'instruction.

Sur autorisation du gouverneur (art. 33) et sous

les conditions fixées par lui, des établissements, exploitations et domaines particuliers peuvent être assimilés aux établissements publics (1) que mentionne le précédent article pour fournir du travail et des moyens de subsistance aux condamnés soumis à la relégation collective.

Enfin (art. 4), il peut être envoyé temporairement sur le territoire des diverses colonies des groupes ou détachements de relégués à titre collectif, pour être employés sur les chantiers des travaux publics. La désignation des colonies où seront envoyés ces relégués, des travaux en vue desquels aura lieu cet envoi, l'organisation des groupes et détachements seront déterminés par décrets rendus en Conseil d'État.

Cette disposition du décret du 26 novembre est des plus heureuses et peut avoir, si on l'exécute à la lettre, d'excellentes conséquences. Que dans une de nos possessions d'outre mer, il y ait quelques grands travaux à exécuter (constructions de bassins, de radoub, de jetées, de phares, de casernes, etc.) on

---

(1) On sait que de même les condamnés aux travaux forcés ont parfois été loués à des particuliers, à la Nouvelle-Calédonie un riche colon, M. Higginson a passé dans ce but plusieurs traité avec l'administration pénitentiaire. Ces traités faits malheureusement d'une manière peu réfléchie ont donné lieu dans le courant de l'année 1885 à de fâcheux débats devant les Chambres. Il était bon, pour éviter toute récrimination, que le décret du 26 novembre donna formellement ce droit à l'administration.

aurait sous la main de nombreuses équipes de tra-vailleurs soumis à une discipline sévère et grâce auxquels on pourra exécuter relativement à bon compte des ouvrages considérables.

Si les relégués collectifs montrent peu d'ardeur au travail, on stimulera leur activité en créant diverses catégories de chantiers, en leur inspirant la crainte d'être envoyé dans un établissement ou les conditions du labeur et de l'existence sont plus dures que dans celui où ils sont actuellement employés, ou au contraire, en leur donnant l'espoir de passer par leur zèle dans un autre plus agréable.

Ils seront rénumérés à raison de la tâche qu'ils accompliront ; toutefois l'administration opèrera sur leurs gains à raison de la dépense qu'ils occasionneront, une retenue plus ou moins considérable. Cette retenue, dit l'article 35 ne pourra dépasser le tiers du produit de la rémunération.

Si les relégués à titre collectif commettent des crimes ou des délits, ils seront soumis à la prompte juridiction des tribunaux de répression qu'on organisera à cet effet. Ces tribunaux n'étant pas encore déterminés, nous ignorons à quelle solution s'arrêtera l'administration et si elle les renverra simplement devant des conseils de guerre. On a fait observer avec infiniment de raison que les conseils de guerre nécessitaient un personnel un peu trop nombreux (sept officiers) et qu'il serait peut-être bon de ne faire entrer dans la composition de ces tribunaux, que trois ou quatre officiers.

Enfin par une disposition excellente, et qui sous ce rapport donne à la loi actuelle une très grande supériorité sur celle de 1854, les peines de la réclusion et de l'emprisonnement (art. 37) prononcées contre des relégués pour crimes ou délits, par quelque juridiction que ce soit, doivent être subies sans délai, à défaut de prisons proprement dites, dans des locaux fermés, spécialement destinés à cet effet, sans réunion ou contact des condamnés, ni avec la population libre, ni avec les relégués non condamnés.

Ces règles du régime de la relégation posées, il va être facile de montrer qu'elles seront les nombreuses ressemblances qui existent entre la loi du 27 mai 1885 et la loi du 30 mai 1854 et même avec la servitude pénale anglaise.

### B. — Parallèle entre la loi du 30 mai 1854 et la relégation collective : telle qu'elle existe d'après le règlement du 26 novembre 1865

Voyons d'abord les différences qui existent entre la peine de la relégation et de la transportation.

1° La transportation est une peine principale, tandis que la relégation n'est qu'une peine accessoire. (Nous ne revenons pas sur les critiques que nous avons précédemment émises en ce qui concerne cette fâcheuse disposition de la loi du 27 mai, disposition surtout regrettable par les conséquences que malgré le texte formel de l'article 12, le ministère de l'intérieur prétend en tirer.)

2° La transportation est une peine criminelle ne pouvant par suite être prononcée que par la Cour d'assises, tandis que la relégation peut l'être indifféremment par le tribunal correctionnel ou par la Cour d'assises Sur ce point nous ne cachons pas nos regrets que la Chambre n'ait pas comme le demàndait M. Versigny (1) décidé qu'un jury seul appartiendrait le droit de statuer sur le sort de ceux qui seraient

(1) Voir *Journal officiel* du 24 juin 1883, M. Versigny proposait d'ajouter à l'article 1er les deux paragraphes suivants : 1° Tous les cas de récidive supportant la relégation sont déférés à la juridiction du jury ; 2° La lecture du présent article sera faite aux condamnés lors de la prononciation du jugement pour la troisième récidive par le président du tribunal de police correctionnelle.

en cas de condamnation, menacés d'être relégués pour le reste de leur vie. Il y eut eu là une extension aussi sage que modérée de la compétence du jury.

3º La transportation est une peine facultative pour les magistrats ; la relégation est obligatoire.

4º La peine de la transportation est une peine soit temporaire, soit perpétuelle ; la relégation au contraire est perpétuelle (sauf le cas prévu par l'article 16 de la loi du 27 mai et que l'on a précédemment mentionné.

5º Tout condamné aux travaux forcés doit nécessairement être transporté aux colonies on ne pourrait sous aucun prétexte lui faire subir sa peine en France ou le dispenser administrativement de l'exil, au contraire, en vertu d'une disposition de la loi du 14 août 1886, disposition due à M. Léveillé, l'administration peut opérer une sélection des condamnés à la relégation et les dispenser de l'expatriation ; elle peut aussi, contrairement à la loi de 1854, lui faire subir la peine de la relégation, soit en Algérie, soit même dans des pénitenciers installés en France ou en Corse.

6º Les femmes condamnées aux travaux forcés (art. 4 de la loi du 30 mai 1854) peuvent être transférées aux colonies, mais il n'y a là aucune obligation et, en fait elles subissent toutes leur peine sur le territoire continental. Les femmes condamnées à la relégation doivent, au contraire, être expatriées et on leur applique, comme aux hommes, les règles sur la relégation collective et individuelle qui .ont dejà été exposées.

7° Le transporté encourt de plein droit de graves déchéances (interdiction légale, dégradation civique), le relégué n'en encourt *de plano* aucune.

8° Le transporté peut bien pour ses infractions être condamné à l'emprisonnement ou à la réclusion ; mais ces pénalités, il ne les subira qu'à l'expiration de sa peine principale, si bien que dans le cas où il a été frappé des travaux à perpétuité, à moins de le condamner à mort, on se trouve complétement désarmé vis-à-vis de lui. C'est là, ainsi qu'on a déjà eu l'occasion de le faire remarquer, un des principaux vices de la loi de 1854. On est mieux armé vis-à-vis du relégué et comme nous l'avons dit plus haut, s'il est condamné à l'emprisonnement ou à la réclusion, on l'enferme immédiatement dans un local clos.

9° En vertu du décret du 26 novembre 1885 les relégués doivent comme les forçats subir leur peine à la Guyane et à la Nouvelle-Calédonie, mais ils devront être placés dans des pénitenciers séparés.

10° Le relégué peut momentanément sortir du territoire de relégation s'il y est spécialement autorisé par l'autorité supérieure locale. Le ministre seul peut donner cette autorisation pour plus de six mois on la réitère. Il peut seul autoriser à titre exceptionnel et pour six mois au plus le relégué à rentrer en France. (art. 13 de la loi du 27 mai 1885). Le forçat libéré (1) peut lui aussi, en vertu d'une autorisation expresse du gouverneur quitter momentanément la colonie, mais il ne peut en aucun cas (2) être autorisé à rentrer en France.

11° En cas de tentative d'évasion, les pénalités sont différentes suivant qu'elles ont été accomplies par des forçats ou par des relégués (voir les articles 7, 8 et 9 de la loi du 30 mai 1854 et l'article 14 de la loi du 27 mai 1885) ;

12° Le transporté n'a droit à retirer de son travail aucun bénéfice ; si on lui accorde un salaire, c'est à titre de pure faveur ; le relégué est nécessairement rémunéré et ainsi que nous l'avons vu précédemment on ne peut même opérer sur son salaire une retenue de plus du tiers (art. 35 du règlement du 26 novembre 1885).

Passant maintenant aux similitudes qui existent

---

(1) Nous ne voulons pas revenir ici sur le vœu que nous avons précédemment émis qu'on ne transporte plus que les condamnés à huit ans de travaux forcés, mais quant nous comparons le sort du relégué à titre collectif à celui du forçat, nous visons toujour le forçat condamné au moins à huit ans de bagne.

(2) Il est bien entendu que pour le relégué comme pour le forçat, le chef de l'État a toujours le droit de grâce et par disposition spéciale des lettres de grâce peut lui rendre sa patrie.

entre la transportation et la relégation, il sera facile
de démontrer combien est juste et vrai ce mot de
M. Desjardins : « Le législateur a voulu mettre dans
les expressions, la différence qu'il lui était impossible de mettre dans les choses » (1).

Évidemment et on vient de tenter de l'exposer le
plus complètement possible, il existe entre ces deux
peines un assez grand nombre de différences, mais
toutes ces différences sont secondaires. Au contraire,
les ressemblances sont fondamentales et dans la
réalité, la relégation collective est un châtiment aussi
dur que celui de la transportation. Comme le forçat,
le relégué est expatrié dans une colonie lointaine,
comme lui, et c'est ce qui rend identique le sort de
ces deux misérables, il est assujetti au travail forcé.

Les condamnés, est-il dit, dans l'article 2 de la loi
30 mai 1854 sont employés aux travaux les plus pénibles de la colonisation et à tous les autres travaux
d'utilité publique. La loi du 27 mai 1885 est moins
formelle, mais néanmoins tout comme le forçat, le
relégué à titre collectif est soumis à la loi du travail
forcé. Et nous ne voyons guère en quoi le régime du
camp ou du pénitencier s'écartera de celui du bagne.
Là aussi, on exécutera les travaux les plus durs et
les plus pénibles, là aussi, des tribunaux d'exception

(1) Voir loi du 27 mai 1885, commentée par M. A. Desjardins, note
sous l'article premier.

siègeront pour réprimer toutes les infractions ; là aussi c'est sous la surveillance des gardes chiourmes que les relégués se livreront à leurs occupations. Aujourd'hui ou même pour les forçats l'on a, avec infiniment de raison, supprimé le honteux et dégradant châtiment de la bastonade, ceux-ci ne peuvent guère être soumis à des punitions disciplinaires plus rigoureuses que celles que l'on sera en droit d'infliger aux relégués récalcitrants. En un mot, sous des noms différents, les deux peines seront appliquées absolument de la même façon et pour ne porter ni la casaque ni le bonnet vert, le relégué s'il ne fait preuve de bonne volonté, sera traité comme un galérien.

Nous allons même plus loin et nous disons, oui la relégation est dans le fond identique à la transportation, mais si l'on voulait tirer de la loi du 27 mai 1885 toutes ses conséquences, sans s'écarter en quoi que ce soit du texte, il serait possible d'assimiler la peine qu'elle a créée à cette peine que certains criminalistes voudraient voir formellement inscrite dans nos Codes à la servitude pénale anglaise, **nous soutenons que dès à présent nous possédons une peine aussi souple que celle qui était sortie du bill de 1847 et c'est ce qu'en terminant nous allons tenter de prouver.**

## C. — Comparaison de la relégation collective avec la servitude pénale anglaise et le bill de 1847

Qu'il nous soit permis d'abord de rappeler comment d'après le bill de 1847, qu'avec sa haute compétence, M. Michaux considère comme un modèle de législation pénale, le châtiment était divisé :

1° Emprisonnement cellulaire de quelques mois, huit à neuf au plus ;

2° Probations ou épreuves en Angleterre dans un établissement de travaux publics ;

3° Transportation en Australie avec Ticket ou promesse de Ticket of leave ;

4° Rachat de la (1) liberté conditionnelle contre pécule formé de retenues sur les salaires gagnés sous le régime du Ticket.

Touchant à ce que nous avons considéré comme le point capital de notre sujet à ce qui, nous l'avouons nous a déterminé à entreprendre ce travail, nous sommes forcés, quel que soit notre désir d'abréger et de ne pas nous répéter, de reprendre successivement chacune des quatre gradations si savamment prévues par le bill de 1847 et mettant vis-à-vis les textes de la loi de 1885, nous avons l'espoir de démontrer que quand on le voudra on aura dans la relégation des récidivistes un instrument aussi mer-

(1) Voir Michaux. *La question des peines, op. cit.*, pages 96 et suivantes

veilleux, aussi souple que celui que les bills de 1847 et de 1857 ont donné à l'Angleterre.

Nous prétendons, en un mot qu'en tirant de la loi de 1885 toutes ses conséquences sans s'écarter de la lettre même des *textes*, notre administration comme celle du Royaume-Uni a le droit absolu d'employer le travail des relégués ou elle veut, dans les ports de France, ou dans ceux de l'Algérie, de la Guyane, du Gabon, en résumé dans n'importe quel endroit de nos possessions coloniales, qu'elle peut lui imposer le labeur le plus rude aussi bien que le plus doux, qu'elle peut à son égard pratiquer dans le sens le plus large du mot, la libération conditionnelle.

1° *Emprisonnement cellulaire de quelques mois.* — La loi de 1885 ne dit-elle pas qu'avant d'être expatrié le relégué doit subir sa dernière peine, c'est-à-dire soit l'emprisonnement, soit la réclusion. On peut donc pendant trois mois au moins et dans la majeure partie des cas, durant un laps de temps beaucoup plus étendu, enfermer le condamné dans une cellule, le laisser seul avec lui-même, avec ses pensées et lui laisser ainsi la faculté de se repentir de son crime, de réfléchir sur la vie nouvelle qui va s'ouvrir devant lui (art. 22 de la loi du 29 mai 1885).

2° *Probations ou épreuves en Angleterre dans un établissement de travaux publics.* — Si utile, si nécessaire qu'il soit de laisser le condamné se recueillir,

de lui enlever tout contact avec l'extérieur, *contact*
qui ne pourrait que le distraire de ses idées de repentir, de réhabilitation et de réconciliation, il ne servirait
à rien et il serait peut être dangereux de prolonger
cet isolement, le maximum de neuf mois prévu par
la loi anglaise nous semble plus que suffisant et en
tous cas ne doit pas être dépassé. Alors commencera la
période de probation ou autrement dit la période de servitude pénale. Le condamné sera tranféré dans des établissements créés sur le modèle de ceux de Portland ou
de Portsmouth et de même que les anglais faisaient
subir à leurs criminels cette deuxième partie de leur
peine soit dans les ports de la Grande-Bretagne, soit
dans certaines forteresses d'outre-mer comme Gibraltar ; on installera, ainsi que le demandait M. Léveillé,
dans les rades de Brest ou de Toulon, dans les villes
maritimes de la Corse ou de l'Algérie des pontons,
des ateliers à l'usage des relégués et là, par une vie
au grand air, par des travaux fatiguants et hygiéniques
on leur donnera la meilleure des préparations à l'existence coloniale, en même temps qu'on les utilisera à
perfectionner l'outillage de nos ports.

Comme à Portland (1), il sera facile de diviser les

(1) Les Anglais n'avaient pas songé qu'aux hommes quand ils appli-
quaient la peine de la transportation, ils avaient créé des pénitenciers
spéciaux à l'usage des femmes encore assez jeunes pour jouer un rôle
dans la colonisation pénale. Nous avons laissé complétement de côté ce
grave problème de la femme reléguée comme instrument de colonisation

relégués en un certain nombre d'escouades qui seront occupées à des travaux divers et inégalement pénibles, de telle sorte que les relégués de la dernière escouade regarderont comme une faveur de passer dans l'avant-dernière, où le labeur sera moins dur, ou la discipline sera moins rigoureuse que dans la leur et ainsi de suite.

En même temps qu'on excitera leur émulation, qu'on leur enseignera un métier qui pourra leur servir à la Guyane ou à la Nouvelle-Calédonie et qui en tous cas leur permettra de débarquer dans ces colonies sachant faire autre chose que dévider l'étoupe ou fabriquer des lampions, ils auront commencé à s'amasser un petit pécule, condition indispensable si plus tard on veut leur concéder des terres.

Qu'on ne nous dise pas, ainsi qu'il l'a été soutenu devant le Conseil d'État, que ce droit de les transférer sur les pontons n'existe pas, qu'ils sont tenus préalablement de subir la totalité de leur dernière peine dans les prisons départementales ou dans les maisons centrales, et que les pénitenciers ne doivent être considérés que comme des embarcadères. Nous protesterons toujours contre une telle théorie qui ren-

pénale et nous renvoyons sur ce point aux savantes études de M. Léveillé (*La Guyane, op. cit.*, p. 40 à 42) et de M. Barbaroux *De la transportation, op. cit.*, p. 193 à 199).

drait la peine de la relégation inapplicable et qui jus-
tifierait, si on voulait l'appliquer quand même, cette
expression de Tronson du Coudray : « Ce serait les envoyer à la guillotine sèche. » Si ce système avait pour
lui la loi, nous nous inclinerions disant *dura lex sed lex*,
mais bien au contraire les textes le condamne formellement et que voudrait-on à l'appui de notre thèse de
plus précis que ce passage de l'article 12 de la
loi du 27 mai 1885 : « Il (le gouvernement) pourra
également leur faire subir *tout ou partie* de la dernière peine dans un pénitencier. » Nous ne voulons
pas insister davantage sur ce point et nous abordons
immédiatement une autre difficulté plus grave. —
Soit, nous dira-t-on, nous admettons que l'administration consente à user de cette faculté qui lui est
donnée par l'article 12 et qu'elle établisse des pontons ou ces condamnés à la relégation subiront leur
dernière peine ; mais même en ce cas il n'y aura toujours nul rapport important entre la relégation française et la servitude pénale anglaise. Ce qui est le
caractéristique de cette dernière peine, c'est sa sou-
plesse. C'est la faculté qu'elle donne au gouvernement de traiter le condamné avec la plus grande indulgence ou avec la dernière rigueur, de lui faire subir la
totalité de son châtiment dans les bagnes de Gibraltar
et des Bermudes ou de le transporter aux colonies
avec ou sans ticket *of leave*. — En un mot, pour que

notre relégation collective ressemble à la servitude
pénale, il faudrait que notre administration ait le
droit comme l'administration anglaise de dire à
*l'habitual criminal* frappé de la relégation et d'une
longue peine continentale : « Je te mets dans un vrai
bagne, tu y seras soumis à une discipline de fer, les
occupations les plus penibles et les plus rebutantes
te seront imposées, mais ilt'appartient par ton zèle,
par ton ardeur au travail, par les preuves que tu
nous donneras de ton repentir de devancer le moment ou tu sortiras de cet enfer et où tu seras
transféré à la Guyanne ou à la Nouvelle-Calédonie, »
Au condamné à court terme, au contraire, il faudrait que l'administration puisse dire : « Ne pense
pas qu'aussitôt tes trois mois d'emprisonnement
écoulés, tu aies le droit d'exiger ton transfert pour
ces pays d'outre-mer dont dans ton ignorance, tu
te fais un eldorado et où tu penses que tu vivras
libre et ne travaillant pas. Sache bien dès maintenant que nous disposons absolument de ta personne ; nous te garderons sur nos pontons ou dans
nos pénitenciers aussi longtemps que tu ne te seras
pas repenti, aussi longtemps que tu ne nous auras
pas prouvé que tu as renoncé complètement à tes
habitudes de paresse et de vice. »

Dans ces deux cas, nous soutenons que les textes
de la loi du 27 mai 1885 comme ceux du décret du

26 novembre de la même année, donnent le droit absolu à l'administration de tenir un pareil langage et de le mettre, si besoin est, à exécution, et nous nous appuyons sur les raisons suivantes :

A. *Faculté d'avancer le transfert aux colonies du relégué condamné à une longue peine continentale.* — Sur ce point, la discussion ne peut être bien vive ; ce même article 12 que nous venons de citer donne sans aucune restriction ni réserve à l'administration le pouvoir d'avancer le moment du départ des relégués pour les colonies où ils doivent subir leurseconde peine : « Toutefois faculté est laissée au gouvernement de devancer cette époque pour opérer le transfèrement du relégué. » Que veut-on de plus catégorique et il n'y a besoin d'aucune subtilité pour tirer de cette disposition de la loi du 27 mai 1885 la conclusion que nous venons d'exposer.

B. *Faculté de retarder le transfert aux colonies du relegué à titre collectif qui n'a été condamné qu'à une courte peine continentale.* — Ici. la question est certainement beaucoup plus délicate. Quoi nous dira-t-on, voilà un malheureux qui n'a commis qu'un mince délit, et les juges ne lui ont infligé que trois ou quatre mois de prison ; seulement étant donné son fâcheux passé judiciaire, il a encouru comme peine accessoire la relégation. N'est-il pas déjà assez puni et comment l'administration pourrait-elle s'arroger le droit d'aggraver son châtiment d'une façon aussi épouvantable, de l'assimiler à un galérien ; la loi, comme l'équité sont là pour s'opposer à un tel excès de pouvoir.

Si spécieuses que puissent sembler ces objections, nous soutenons énergiquement que ni la loi, ni l'équité ne s'élèvent en quoi que ce soit contre notre système.

Au point de vue légal, il est en effet pour nous hors de conteste que sans lire entre les lignes, sans être forcé d'avoir recours à une interprétation des textes que l'on pourrait qualifier de jésuitique, l'administration est parfaitement libre, en vertu des moyens d'action dont la loi l'a armée, de retenir ce repris de justice, aussi longtemps qu'elle le voudra, aussi longtemps que cela lui paraîtra nécessaire sur ses pontons ou dans ses pénitenciers et nous arrivons à cette solution, nous le répétons, en nous appuyant exclusivement sur les termes précis de la loi du 27 mai 1885 et du décret du 26 novembre de la même année.

Deux passages de la loi du 27 mai 1885 doivent d'abord être soigneusement notés. Ces deux passages sont le commencement de l'article 1er ainsi conçu, on se le rappelle : » *La relégation consistera dans l'internement perpétuel sur le territoire de colonies ou possessions françaises des condamnés que la présente loi a pour objet d'éloigner de France.* » Et l'article 12 *in fine : « Ces pénitenciers pourront servir de dépôt pour les libérés qui y seront maintenus jusqu'au plus prochain départ pour le lieu de relégation. »*

Avant de passer aux textes formels du décret du 26 novembre 1885, déclarons de suite que nous n'entendons nullement nous prévaloir de la disposition finale de l'article 12 et que nous ne l'avons citée que pour mémoire. — Assurément, et on l'a fait remarquer lors de la discussion devant la Chambre des députés (1), le gouvernement par la création de ces pénitenciers de dépôt pourrait transformer complètement la peine de la relégation en retenant dans ces bagnes les condamnés aussi longtemps qu'il lui plairait de ne pas organiser de départs, c'est-à-dire tant qu'il le voudrait. Si avantageux et utile que pourrait être un tel procédé nous le repoussons car il est évident que ce ne serait qu'un subterfuge qu'on aurait justement motif de qualifier de honteux ; d'ailleurs le règlement du 26 novembre 1885 suffirait à faire abandonner cette interprétation de la loi de 1885 (2).

(1) Voir *Officiel* du 12 mai 1885. Discours de M. le comte Albert de Mun, page 788, col. 2.

(2) Lire l'article 15, titre 2, *in fine* du règlement de novembre 1885 : « le temps de séjour dans les pénitenciers spéciaux est compté pour l'accomplissement des peines à subir avant l'envoi en relégation ; » et plus loin les articles 18 et 19, même titre : « Les relégables ayant accompli la durée des peines à subir avant la relégation peuvent être maintenus en dépôt dans les pénitenciers ordinaires ou dans les pénitenciers spéciaux jusqu'à leur départ pour les lieux de relégation, notamment pendant l'instruction

C'est donc par d'autres moyens  que nous prétendons établir notre théorie et ces moyens nous les
trouvons dans les articles 31 et 32 du règlement du
26 décembre 1885. Pour que notre système se justifie il faut d'abord admettre ce qui ne serait que
logique, la création de deux catégories de pénitenciers, qui ne différeraient entre eux que par les
condamnés qu'ils seraient appelés à recevoir.

Dans les premiers situés dans les villes maritimes
de France (Brest et Toulon), on placerait ceux qui ont
à subir une longue peine continentale, en un mot
ceux dont nous avons parlé précédemment ; pour
les relegués qui n'ont à *purger* qu'un court emprisonnement de trois ou quatre mois on les enverrait
afin de rester fidèle au texte même de la loi dans des
pénitenciers situés non plus en France, mais par
exemple en Algérie et même dans des colonies plus
éloignées. La servitude pénale anglaise ne s'appli-

sur les causes de dispense et pendant la durée des dispenses accordées à
titre provisoire (art. 18). — Les relégables (art. 19) maintenus en dépôt
sont astreints aux conditions de discipline et de travail arrêtées pour
chaque établissement, mais avec les différences de régime que comporte
leur situation comparée à celle des condamnés relégables en cours de
peine.

Il est tenu compte à chacun des relégables maintenus en dépôt de la
valeur du produit de son travail déduction faite d'une part à retenir à
titre de compensation pour les dépenses occasionnées par lui dans l'établissement notamment pour son entretien et sous réserve des prescriptions réglementaires concernant le mode d'emploi du pécule ainsi que la
disposition de l'avoir.

La retenue ne peut dépasser le tiers du produit du travail.

quait-elle pas indifféremment en Angleterre, à Gibraltar ou aux Bermudes :

Les pénitenciers seraient absolument identiques
quant à la discipline, quant aux travaux à ceux exis-
tant en France et il serait même facile d'y créer une
classe spéciale pour les condamnés à long terme qui
sur les pontons de Brest ou de Toulon auraient ache-
vé leur peine continentale sans donner des preuves
suffisantes de repentir.

A part le pays où ces bagnes seraient installés, à
part si on le veut quelque légère nuance dans la
discipline et dans le travail, on avouera que la ressemblance peut être complète. Et créer des établissements de ce genre, y détenir les relégués à titre
collectif aussi longtemps qu'on le voudra, c'est le
droit absolu de l'administration. Pour s'en convaincre il suffit de citer les passages suivants du décret
du 26 novembre 1885, prenons d'abord l'article 4,
titre 1, § 3, il est ainsi conçu: (1)

(1) Pour qu'on ne nous accuse pas de tronquer les textes et de changer
le sens des articles 31 et 32, titre 3 du règlement du 26 novembre 1885,
en n'en donnant que des fragments incomplets, nous donnons ici le texte
intégral.

ART. 31. — « Il sera organisé sur les territoires affectés à la relégation
collective, des dépôts d'arrivée et de préparation où seront reçus et provisoirement maintenus les relégués à titre collectif. Ces dépôts pourront
comprendre des ateliers, chantiers et exploitation où seront placés les
relégués pour une période d'épreuve et d'instruction. — Les relégués y
seront formés, soit à la culture, coit à l'exercice d'un métier ou d'une
profession, en vue des engagements de travail ou de service à contracter

« Il peut être envoyé temporairement sur le territoire des diverses colonies des groupes ou détachements de relégués à titre collectif pour être employés sur les chantiers de travaux publics. »

Admettons, qu'on veuille faire en Algérie quelques travaux de longue haleine (agrandissement ou amélioration d'un port, construction d'une digue, d'une jetée) ; travaux qui demandent des années de labeur, rien n'empêche de créer des pénitenciers où seront maintenus les relégués collectifs employés à ces occupations ; ce sera dans ces chantiers qu'on leur fera subir la période de probation.

Et même qu'est-il besoin d'aller chercher cette voie détournée, les articles 31 et 32 vont nous donner un moyen infiniment plus simple d'arriver à notre but : « Il sera, nous dit l'article 31, organisé sur les territoires affectés à la relégation collective, des dépôts d'arrivée et de préparation où seront reçus et provisoirement maintenus les relégués à titre collectif. » Et l'article 32 ajoute : « Les relégués et des concessions de terre a obtenir selon leurs aptitudes et leur conduite. »

ART. 32. — « Les relégués qui n'ont pas été admis à la relégation individuelle soit avant leur départ de France, soit pendant leur séjour dans les dépôts de préparation, sont envoyés dans des établissements de travail. — Ces établissements peuvent consister en ateliers, chantiers de travaux publics, exploitations forestières, agricoles ou minières. — Les relégués sont répartis entre les établissements d'après leurs aptitudes, leurs connaissances, leur âge et leur état de santé. — L'administration peut toujours les admettre sur leur demande à revenir dans les dépôts de préparation pour une nouvelle période d'épreuve et d'instruction.»

qui n'ont pas été admis à la relégation individuelle,
soit avant leur départ de France, soit pendant leur
séjour dans les dépôts de préparation sont envoyés
dans des *établissements de travail*. Ces établissements
peuvent consister en ateliers, chantiers de travaux
publics, exploitations forestiers, agricoles ou *minières*. »

Ou les mots n'ont plus aucune signification ou
nous voyons là la justification la plus complète et la
plus absolue de notre système.

Cette période de *Probation* ou autrement dit de
*Servitude pénale*, nous n'avons pas le droit de la faire
subir aux relégués sur le territoire français soit,
mais que nous importe ce point secondaire, dès l'instant où nous avons le droit de la leur imposer dans
celles de nos colonies qu'il nous plaira, aussi bien
dans la plus rapprochée comme l'Algérie que dans la
plus éloignée comme les Marquises ou les Gambier.
Et à part cette différence si légère, ne trouvons-nous
pas à cette peine de la relégation collective tous les
caractères de la servitude pénale anglaise ? Comme
cette dernière, elle peut être ou très dure ou très
douce, passer par les gradations les plus variées
selon la conduite du condamné. Pour arriver à ce
résultat, nous espérons l'avoir démontré, inutile
d'avoir de nouveau recours aux délibérations du parlement, il suffit à notre administration pénitentiaire

de le vouloir, la loi l'y autorise de la façon la plus formelle.

Reste la question d'équité, alors même que ces pouvoirs seraient donnés par la loi à l'administration aurait-elle moralement le droit de s'en servir? Quoi, s'écrieraient de suite ces éminents philantropes (1) qui oublient toujours la victime pour garder plus intacte toute la compassion qu'ils portent au criminel, voilà un infortuné coupable d'un léger délit entraînant au maximum cinq à six mois de prison; seulement, le malheur voulant que son casier judiciaire soit un peu trop chargé, les juges tout en ne lui infligeant qu'une courte détention ont dû à leur grand regret prononcer contre lui la peine de la relégation perpétuelle. N'est-il pas déjà assez cruellement châtié et à son exil, pouvez-vous ajouter le dur séjour du pénitencier?

On pourrait répondre à ces âmes sensibles que même le repris de justice, qui outre la relégation n'a encouru qu'une peine de trois mois et un jour d'emprisonnement, n'est pas extrêmement intéressant.

Ce qu'il faut considérer c'est moins son dernier méfait que les crimes ou les délits qu'il a commis

---

(1) On connait ce mot d'un philosophe anglais disant : « Si j'assistais à une scène d'assassinat, toute ma compassion se porterait sur l'assassin, car c'est lui le plus malheureux puisqu'il vient de commettre un grave péché tandis que sa victime n'a rien à se reprocher et est par suite plus heureuse que lui.

précédemment et qui l'ont mis en cas de récidive sous le coup de la loi du 27 mai 1885. Néanmoins il est inutile d'insister sur ce point, de montrer combien cet homme est peut être plus indigne, plus coupable que le forçat qui a cédé à un déplorable mouvement de colère ou de jalousie, mais qui n'a pas fait du crime ou du vice son métier, sa profession ; ce qui nous fait repousser énergiquement tous les arguments s'adressant à notre pitié et à notre commisération c'est le caractère même de la servitude pénale ; ce qui la distingue des autres peines on ne saurait trop le répéter, c'est son extrême élasticité et nous avons vu que de même on pouvait rendre notre relégation collective soit très dure, soit très douce.

Dans ces conditions, nous avons trop de confiance dans la justice et dans l'humanité de l'administration supérieure pour douter un seul instant qu'elle ne saura proportionner le châtiment au délit et qu'elle ne se montrera impitoyable que vis-à-vis des incorrigibles.

En matière pénitentiaire il est bon d'avoir toujours présentes à l'esprit ces paroles de M. Léveillé : « Contre les indignes éternellement suspects, il n'était pas mauvais que la société eut une arme toujours chargée, dut cette arme n'être pas déchargée. » Cette arme nous prétendons que dès aujourd'hui nous la possédons et nous espérons l'avoir prouvé.

La servitude pénale anglaise a toutefois besoin
d'être tempérée et pour donner des résultats satisfaisants il est nécessaire qu'elle soit suivie d'un accessoire : le *Ticket of leave* ou autrement dit la libération
conditionnelle.

Il n'est pas bon que l'individu soit livré de suite à
lui-même, en sortant du pénitencier, il faut qu'il se
sente soutenu, aidé, protégé par l'administration, il
faut aussi qu'il sache bien que dans le cas où il recom-
mencerait à s'adonner à la paresse et à la débauche,
l'administration est là pour l'arrêter immédiatement
et pour le réintégrer de suite dans ce pénitencier
qu'il n'était pas encore digne de quitter.

Une loi du 14 août 1885 due à un éminent crimi-
naliste, M. Bérenger a installé en France même le
régime de la libération conditionnelle. Nous verrons,
à la fin de cette étude, certains des avantages de
cette loi, mais nous voulons avant montrer comment aux colonies même nous pouvons dès maintenant, organiser le système de ticket *of leave* et ce n'est
pas là, selon nous, une des moindres supériorités de
notre loi de 1885 sur celle de 1854 si inférieure cependant qu'elle soit comme conception à cette dernière,

### C. — Transportation aux colonies avec Ticket ou promesse de Ticket of leave.

Dès l'instant où vous jugez la période de probation suffisante, aussitôt que le détenu a prouvé son repentir, il est évident qu'il serait abusif et cruel de le maintenir plus longtemps dans les pénitenciers. Toutefois, nous croyons que ce serait une faute grave que de l'admettre de suite au bénéfice de la relégation individuelle.

Si la loi de 1854 tout en donnant au point de vue métropolitain les meilleurs résultats, en a produit d'infiniment moins satisfaisants sous le rapport colonial, cela a tenu de l'avis de tous les gouverneurs qui se sont succédé à Nouméa ou à Cayenne, à la liberté entière accordée au condamné une fois sa peine expirée.

Celui qui s'était le mieux conduit tant qu'il avait été astreint à la discipline du camp, une fois libéré sachant bien qu'on n'avait plus nul pouvoir sur lui, s'est empressé de ne rien faire et est devenu la plaie des possessions d'outre-mer où il avait été transporté.

Les Anglais étaient loin d'être tombés dans cette erreur et le bill de 1847 comme celui de 1857 et celui de 1864, avait eu grand soin de ne rendre les bénéfices du droit commun aux condamnés que lorsqu'ils auraient prouvé la sincérité de leur retour au bien non seulement par leur bonne conduite durant la période de probation, mais encore durant un certain espace de temps pendant lequel ils étaient dans une sorte de situation mixte, jouissant de tous les avantages de la liberté, seulement ces avantages pouvant leur être retirés pour la plus légère faute par simple décision administrative.

Ce système qui a permis aux Anglais de coloniser à l'aide du rebut et de la lie de leur population une des plus belles contrées qu'il y ait au monde, l'Australie, nous prétendons qu'il est parfaitement prévu par le décret du 26 novembre 1885 et qu'il n'y a qu'à le vouloir pour le mettre en pratique.

L'article 36 du décret précité contient en effet la disposition suivante ; « Les autorisations d'engagement et les concessions n'entraînent pas de plein droit l'admission au bénéfice de la relégation individuelle, qui doit être demandée et obtenue conformément à l'article 9 du présent décret. »

N'est-ce pas là tout le système du *Ticket of leave* et

Titre III, article 36 : « Les relégués placés dans un de ces mêmes établissements peuvent recevoir du dehors des offres d'occupation et d'emploi et justifier d'engagements de travail ou de service pour être autorisés à quitter l'établissement. — Ils peuvent de même être admis à bénéficier de concessions de terre, à raison de leur conduite et de leurs aptitudes. — Les autorisations d'engagement et les concessions n'entraînent pas de plein droit l'admission au bénéfice de la relégation individelle, qui doit être demandée et obtenue conformément à l'article 9 du présent décret.

l'administration ne peut elle par ce moyen continuer à exercer sur le relégué, sorti des pénitenciers, sa salutaire influence? Le passage que nous venons de citer est trop concluant pour qu'il soit nécessaire d'insister.

### D. Rachat de la liberté conditionnelle contre pécule formé de retenues sur les salaires gagnés sous le régime du Ticket.

Enfin après que le condamné aurait absolument prouvé son repentir, aurait donné toutes les preuves nécessaires de zèle et d'assiduité au travail, on l'admettra aux bénéfices de la relégation individuelle. Il sera de nouveau placé sous le régime de droit commun et libéré de la juridiction des tribunaux d'exception.

Il restera, bien entendu, toujours soumis à la résidence forcée dans la colonie où il a été déporté, il sera toujours en quelque sorte sous la surveillance de la haute police, mais à part cela, il sera complètement libre, il sera bien alors un *libéré* dans le véritable sens du mot. Et cette faveur, elle aura été accordée non pas à sa fortune plus ou moins mal acquise comme l'avait décidé le Sénat, mais à son labeur, mais à ses efforts ainsi que l'a voulu avec tant de raison le Conseil d'État usant des pouvoirs législatifs qui lui avaient été déférés.

Notre conviction absolue est que le système, que nous venons d'exposer, peut-être trop longuement, a pour lui non seulement la raison, mais aussi les textes formels tant de la loi du 27 mai 1885, que du décret du 26 novembre de la même année.

Nous concluons donc, en disant que cette loi qui a pour la première fois inscrit dans nos Codes la peine de la relégation, malgré ses imperfections si justement signalées par tous les criminalistes a néanmoins marqué un très grand progrès dans notre législation pénale. Sans y retoucher, sans la modifier en quoi que ce soit on, peut dès l'heure présente en tirer un excellent parti et le souvenir des résultats obtenus en Australie par l'Angleterre est là pour nous encourager à tenter cette intéressante expérience,

Le pays qui a enfanté les Dupleix et les Malouet, n'est certes pas inférieur à la nation qui a produit les Philipp et les Maquarie.

Qu'un administrateur doué du même talent, du même génie que ces grands gouverneurs de l'Australie se trouve ; qu'avec les mêmes instruments, il fasse de la vallée du Maroni un centre de production et de civilisation, ah certes ! nous n'oserions assurer que malgré ses efforts, ses contemporains lui rendront toute la justice qui lui serait due, peut-être lui aussi comme Dupleix ou comme Maquarie sera-t-il abaissé

et calomnié ; mais que lui importera, la postérité
sera là pour le venger et d'ailleurs n'aura-t-il pas
cette satisfaction, cette récompense qui doivent être
seules ambitionnées par tout homme de cœur :
« la conscience d'avoir contribué à la grandeur, à
la prospérité de la patrie. »

# CHAPITRE II

APPENDICE. LOI DU 14 AOUT 1885 SUR LES MOYENS
DE PRÉVENIR LA RÉCIDIVE

Un des grands reproches que l'on a dû faire à la loi du 27 mai 1885, c'est de n'avoir pas permis aux magistrats ou aux jurés d'opérer un choix parmi les coupables, de faire une distinction entre ceux qui avaient mérité l'exil perpétuel et ceux qui moins coupables, pouvaient être dispensés de cette peine..

Sans revenir sur ce sujet, il est nécessaire au moins de mentionner une loi du 14 août 1885 qui a paré en partie à cet inconvénient, en permettant à l'administration d'opérer une sélection parmi les con-

---

(1) Article 3 de la loi du 14 août 1855 : « Les arrêtés de mise en liberté sous condition et de révocation sont pris par le ministre de l'intérieur.

« S'il s'agit de la mise en liberté après avis du préfet, du directeur de l'établissement ou de la circonscription pénitentiaire, de la commission de surveillance de la prison et du Parquet près le tribunal ou la Cour qui a prononcé la condamnation.

« S'il s'agit de la révocation, après avis du préfet et du procureur de a République de la résidence du relégué. »

damnés et de laisser sur le sol français ceux qu'elle jugeait dignes de cette faveur.

Cette loi due à l'initiative d'un jurisconsulte éminent, M. Bérenger (1) est intitulée : *Loi sur les moyens de prévenir la récidive* et est divisée en trois titres traitant de *la libération conditionnelle,* du *patronage et de la réhabilitation.*

Pour la première fois en France, elle a organisé sur les bases les plus solides le régime de la libération conditionnelle et il est indubitable qu'elle est appelée à donner les meilleurs résultats.

Si intéressantes que ces diverses dispositions puissent être à étudier, nous devons nous borner à mentionner le passage suivant de l'article 2 (titre premier) :

« Au cas où la peine qui aurait fait l'objet d'une décision de libération conditionnelle devrait être suivie de la relégation, il pourra être sursis à l'exécution de cette dernière mesure et le condamné, sera en conséquence laissé en France, sauf droit de révocation, ainsi qu'il est dit au présent article.

« Le droit de révocation prendra fin en ce cas, s'il n'en a pas été fait usage pendant les dix années qui auront suivi la date d'expiration de la peine principale. »

(1) Rappelons que la partie de la loi Bérenger qui permet la solution administrative est donc à M. Léveillé.

Cette loi Bérenger a pour elle non seulement la raison et l'humanité, mais de même que la loi sur la relégation, elle a encore en sa faveur l'expérience. Depuis de longues années des dispositions semblables existent dans la législation du Royaume-Uni et nos voisins n'ont jamais eu qu'à s'en louer.

De 1853 à 1857 les mises en liberté conditionnelle qui furent accordées par l'administration anglaise ne furent révoquées que dans la proportion de 16 0/0.

« Comme le dit, avec sa haute compétence, M. Michaux (1) ; s'il n'y a eu que 16 0/0 de récidivistes parmi les porteurs de licence, cela prouve que la licence a sauvé 84 0/0 des victimes vouées au mal et je ne suis pas éloigné de croire que dans les 16 0/0, il y en avait plus d'un qui n'était pas volontairement rentré dans la mauvaise voie. »

Sur le territoire français comme aux colonies, il est nécessaire que le condamné ne passe pas brusquement de la prison à la liberté, il faut une période intermédiaire, un état de quasi-liberté durant lequel il sera surveillé (2) mais aussi protégé. Grâce au concours des sociétés de patronage, grâce au zèle de l'administration il faut espérer que la relégation cor-

(1) Voir M. Michaux, *La question des peines, op. cit.*, p, 129.
(2) Nous avons vu que la surveillance de la haute police abrogée par la loi de 1885, avait été de fait rétablie aux colonies vis-à-vis des relégués. La loi du 14 août 1885 (art. 6) l'a de même rétablie en France pour les libérés conditionnels. Toutefois la surveillance de l'administration peut être remplacée par celle de certaines sociétés de patronage (art. 7, titre 2)

rigée dans ce qu'elle a de trop rigoureux par la libération conditionnelle permettra d'enrayer le flot de la
récidive.

Dans notre étude sur la relégation, nous avons pu
vis-à-vis de ces malfaiteurs incorrigibles que rien ne
dompte, pencher parfois un peu trop du côté de la
rigueur. Au contraire, vis-à-vis de ceux qui s'efforcent
de réparer leur faute, de rentrer dans le droit chemin,
nous pensons qu'on ne saurait jamais être assez in-
dulgent. Et le vœu que nous exprimons en terminant,
c'est que l'on ne se montre pas trop facile à révoquer
les mises en liberté conditionnelle, que l'on ait toujours présent à l'esprit ces nobles paroles de Sir
Georges Grey : « On ne doit pas révoquer légèrement
une licence royale, et en tous cas il faut que cette
révocation soit toujours précédée d'un avertissement
donné par l'administration, à celui dont la conduite
a éveillé des soupçons.

# POSITIONS

---

## DROIT ROMAIN

### Positions prises dans la thèse.

I. — La déportation a remplacé l'antique peine de l'interdiction de l'eau et du feu.

II. — La confiscation des biens du déporté résulte de la peine elle-même et non de la *capitis deminutio*.

III. — Il y a deux sortes de relégation : l'une frappant certains délits, l'autre n'étant en réalité qu'une mesure de police.

IV. — L'*indulgentia principis* et la *restitutio in integrum* sont deux formes distinctes de la clémence impériale.

### Positions prises hors de la thèse.

I. — Le principe de Cicéron que « nul ne peut être contraint à perdre le droit de cité » ne pouvait faire obstacle à l'effet des condamnations judiciaires.

II. — Le tuteur, dans le dernier état du Droit romain, fut responsable de sa faute légère appréciée *in abstracto*.

III. — L'individu se trouvant sous l'empire de la folie pouvait être donné en adoption, mais ne pouvait être abrogé.

IV. — Le contrat *litteris* ne pouvait opérer novation.

## DROIT CIVIL

I. — L'action en nullité de mariage pour vice de consentement est imprescriptible.

II. — Le second mari cotuteur n'est responsable que des faits de la tutelle postérieurs à son mariage.

III. — Le légataire universel qui n'est pas en concours avec un héritier réservataire est tenu *ultra viris successionis*.

IV. — Les aliénations d'immeubles par l'héritier apparent sont valables à la condition que l'acquéreur ait été de bonne foi.

V. — L'usufruitier d'un bois mis en coupes réglées, qui vend une coupe arrivée à son terme, fait une vente valable.

Mais si l'usufruit s'éteint avant que tous les arbres compris dans la coupe aient été abattus, une portion du prix représentative de la valeur des arbres encore attachés au sol à cette époque est due au propriétaire.

VI. — Dans l'hypothèse où le mari a vendu seul l'immeuble dotal, la femme a contre l'acquéreur non pas une action en nullité fondée sur l'inaliénabilité, mais une action en revendication.

VII. — Si l'immeuble hypothéqué qui a péri était assuré, la prime payée par l'assureur n'est pas répartie entre les créanciers inscrits sur l'immeuble.

## DROIT CRIMINEL

### Positions prises dans la thèse.

I. — La relégation est, en réalité, une peine supplémentaire et non une peine accessoire.

II. — Le relégué peut être transféré aux colonies longtemps avant l'expiration de la peine qui a entraîné sa relégation.

III. — On trouve dans la loi du 27 mai 1885 la plupart des caractères de la servitude pénale anglaise.

### Positions prises en dehors de la thèse.

I. — L'interdiction légale ne résulte pas des condamnations par contumace.

II. — L'amnistie n'efface pas les condamnations disciplinaires.

## DROIT CONSTITUTIONNEL

I. — En matière de loi de finances, sauf la question de priorité le Sénat a les mêmes pouvoirs que la Chambre des députés.

## DROIT INTERNATIONAL PRIVÉ

I. — L'extradition est légitime, mais avec la garantie du contrôle de l'autorité judiciaire dans le pays de refuge.

## DROIT ADMINISTRATIF

1 - Le contribuable qui exerce un recours au Conseil d'État, au lieu et place de la commune, en vertu de l'article 123 de la loi du 4 août 1884, doit être autorisé par le conseil de préfecture.

*Vu par le Doyen,*      *Vu par le Président de la Thèse,*
CH. BEUDANT         J. LÉVEILLÉ

VU
et permis d'imprimer :
*le vice-recteur*
de l'Académie de Paris,
GRÉARD

# TABLE DES MATIÈRES

## DROIT ROMAIN

### DE LA DÉPORTATION ET DE LA RELÉGATION A ROME

# DROIT FRANÇAIS

## DE LA RELÉGATION DES RÉCIDIVISTES. — NATURE ET EFFETS.

### PREMIÈRE PARTIE. — NATURE DE LA RELÉGATION

DEUXIÈME PARTIE. — EFFETS DE LA RELÉGATION



Imp. du Fort-Carré, (A. Duroy Dr), 19, chaussée d'Antin, Paris.